LES

ÉTAPES D'UN RÉFRACTAIRE

Imp A Salmon, Paris

LES
ÉTAPES D'UN RÉFRACTAIRE

JULES VALLÈS

PAR

Jean RICHEPIN

AVEC UNE EAU-FORTE PAR ANDRÉ GILL

PARIS

LIBRAIRIE INTERNATIONALE

A. LACROIX, VERBOECKHOVEN ET Cᵉ, ÉDITEURS

15, BOULEVARD MONTMARTRE, ET 13, FAUBOURG MONTMARTRE

Même maison à Bruxelles, à Lepsig et à Livourne

—

1872

AUX RÉFRACTAIRES

ET A LEURS AMIS

CE LIVRE EST DÉDIÉ

LES
ÉTAPES D'UN RÉFRACTAIRE

PROLOGUE.
—

LES DÉCLASSÉS.

Une révolution, qu'elle soit bonne ou qu'elle soit mauvaise pour la société, est toujours profitable à une certaine classe de gens : ceux qui précisément n'ont pas de classe, les déclassés. Ils ne peuvent que gagner à un changement, n'ayant rien à perdre. Il ne faut donc pas s'étonner de les voir sortir de terre à chaque bouleversement. Mais on a le droit d'être effrayé quand on compte combien la Commune en a mis au plein jour.

Là est le trait caractéristique de ce mouvement.

A part cela, en effet, que savons-nous, que pouvons-nous dire d'assuré, sur cette émeute du 18 mars changée en gouvernement, sur cette Commune de Paris et sur le Paris de la Commune ? N'était-ce réellement qu'une émeute? Un pouvoir qui dure deux mois est-il un simple accident? Mais la pratique de l'incendie final permet-elle de conclure à une théorie? Sur ce bouillonnement formidable d'une cité monstre, au-dessus des intrigues sinistres de quelques ambitieux, au-dessus de la révolte en masse sans but bien fixé, n'y avait-il pas, soulevé par la vapeur de cette cuve, et planant dans l'air, ce je ne sais quoi qui sort des révolutions, même contre le gré des révolutionnaires, et qui féconde l'avenir, et qu'on appelle une idée? Qui sait? qui donc osera dire oui ou non? Sont-ce des ruines, ou des racines?

Ce qu'on peut dire, et ce qu'on sait, ce n'est pas ce qui devait ou pouvait sortir de ce chaos, c'est ce qu'ont fait, ce qu'ont voulu, ce qu'ont été les hommes qui l'organisèrent. Eh bien! ces chefs, ambitieux ou convaincus, charlatans ou prophètes, ont presque tous un point de commun, c'est qu'ils étaient des déclassés. Déclassés, de-depuis le général méconnu Cluseret, jusqu'au caricaturiste incompris Pilotell; depuis l'intelligent député Millière jusqu'au fou Allix ; depuis le grand peintre Courbet jusqu'à l'ex-moine Panille; et *tutti quanti*. Déclassés de la politique comme Delescluze et Pyat; du journalisme et des lettres comme Vallès, Vermersch, Vermorel, Grousset, Vésinier, Maroteau ; de l'armée comme Rossel ; de l'atelier comme Assi ; de la brasserie comme Rigault; de plus bas encore, comme Johannard. Tous les métiers, tous les pays même! Ce fut un soulèvement des déclassés, et un gouvernement de fruits-secs.

Qu'on ne s'y trompe pas toutefois, ces fruits-secs germeront encore et ils formeront souche. Tant qu'il y aura dans notre ordre social les inextricables préjugés qui entravent la marche libre, les mutilations qu'on fait subir à la nature, l'oppression inconsciente ou calculée de certaines conventions, il y aura aussi des caractères impatients et orgueilleux, qui refuseront de se plier au joug, et qui, au lieu de chercher à le modifier et à l'alléger, s'efforceront de le briser. Et croyez bien que parmi eux, si on trouve trop souvent des âmes simplement envieuses et mauvaises, vaniteuses sans vrai mérite, violentes sans vraie force, on rencontre aussi des intelligences vigoureuses, des cœurs sympathiques, des talents incontestables. Ces gens-là sont parfois assez grands, en dépit de tout, pour qu'on ait le désir de les mesurer quand ils sont à terre.

Les plus intéressants sont à coup sûr les déclassés de la plume, qui laissent derrière eux quelque œuvre écrite autrement qu'en langues noires sur des murs calcinés. En les lisant, on les admire souvent, on les aime quelquefois, on les plaint presque toujours. Ironie du sort, qui jette des âmes remarquables dans des chemins impossibles! Mauvaise organisation de la société, qui ne leur laisse point faire leur trou chez elle, et qu'ils cherchent un beau jour à éventrer.

Mais, avant d'en venir là, quelle odyssée de misères n'ont-ils pas à parcourir! Cette odyssée, J. Vallès en a été à la fois l'Ulysse et l'Homère : il l'a chantée après l'avoir vécue. Comme avant-propos à son histoire et à cette étude, on peut prendre dans ses œuvres les trois

1.

phrases suivantes, qui résument parfaitement le but,
l'existence, la destinée et la fin fatale des déclassés.

« Il existe de par les chemins une race de gens qui, au
» lieu d'accepter la place que leur offrait le monde, ont
» voulu s'en faire une tout seuls, à coups d'audace ou de
» talent ; qui, se croyant de taille à arriver d'un coup,
» par la seule force de leur désir, au souffle brûlant de
» leur ambition, n'ont pas *daigné* se mêler aux autres,
» prendre un numéro dans la vie ; qui n'ont pu, en tout
» cas, faire le sacrifice assez long, qui ont coupé à tra-
» vers champs au lieu de rester sur la grande route, et
» qui s'en vont maintenant battant la campagne, le long
» des ruisseaux de Paris (1) ».

« A cette vie, il y a un danger! La misère sans dra-
» peau conduit à celle qui en a un, et, des réfractaires
» épars, fait une armée qui compte dans ses rangs
» moins de fils du peuple que d'enfants de la bourgeoisie.
» Les voyez-vous foncer sur nous, pâles, muets, amai-
» gris, battant la charge avec les os de leurs martyrs,
» sur le tambour des révoltés (2)? »

« Il faut bien que ces déclassés se casent, — ou se
» *vengent*; et voilà pourquoi il coule tant d'absinthe dans
» les poitrines, ou de *sang sur les pierres!* Ils devien-
» nent ivrognes, — ou *émeutiers* (3) ».

Où peuvent-ils arriver, en effet, eux qui se sont mis
en quelque sorte hors la société, et que la société à son

(1) *Les Réfractaires*, in-8°, Faure, éditeur, p. 4.
(2) *Les Réfractaires*, p. 116.
(3) *La Rue*, in-8°. Faure, éditeur, p. 288.

tour met hors la loi? Pour un qui a pu, en dépit de tout,
se tailler sa vie à guise, quelle triste et lamentable armée
de malheureux, qui deviennent trop souvent des misérables ! Il en est beaucoup qui restent honnêtes cependant;
ce sont les rêveurs, les faibles, les résignés, ceux qui
n'ont pas eu assez de force pour accepter la vie telle
qu'elle se présente, mais qui n'ont pas non plus assez d'é-
nergie pour attaquer de front l'ordre établi. Ils ne sui-
vent pas la grande route, mais ils n'osent insulter ceux
qui y passent. Ils vivent à côté de la société, plutôt qu'en
dehors ; en tout cas ils ne la gênent guère, et surtout ils
ne la menacent point.

Tout différents sont les violents, les impatients. Ils
sont dangereux. Il faut plaindre les autres, et craindre
ceux-ci. Ce sont en général des caractères fortement
trempés, conseillés par un cœur ardent, servis par une
volonté tenace, aidés quelquefois par un talent réel. De
leur misère ils se font un aiguillon qui les pousse, en
attendant qu'elle devienne une arme qui les venge. Ils
s'excitent, ils s'irritent de tout. L'insuccès, qui peut cor-
riger l'ambition, les aigrit ; le succès, loin de les calmer,
les exalte. Vaincus, l'envie les soutient; vainqueurs, la
vanité les gonfle. Ils aiment la lutte, ils vont, « l'orgueil
en avant comme un flambeau (1) ». De ce duel qu'ils
ont engagé avec la vie, leur obstination fait un duel à
mort. Aussi, quand surgit une émeute, ils disent que
leur jour est arrivé. Par cette porte ouverte, peut se ruer

(1) *Les Réfractaires*, p. 7.

le torrent de fiel et de haine qu'ils ont amassé dans leur
cœur ; et alors, ils descendent dans la rue, les déclassés ;
ils se sentent là chez eux ; ils remuent ces pavés qu'ils
ont tant de fois battus de leurs courses vagabondes ; ils
grossissent les fureurs populaires de leur rage intelli-
gente ; ils mordent à même le sein de cette société dont
ils ont dédaigné le lait ; ils font un fusil de leur plume,
et de leur flambeau d'orgueil une torche d'incendie.

Pourquoi ? qu'y gagnent-ils ? Ne savent-ils pas qu'ils
sont les plus faibles ? Espèrent-ils qu'on emploiera contre
eux, comme dans la discussion de leurs théories, les
armes courtoises ? Ignorent-ils qu'ils font là leur dernière étape, et que le gîte qui les attend, c'est la mort ?
Non, ils savent tout cela, ils n'espèrent point de merci ;
ils sont prêts à mourir ; mais à ce prix exorbitant, ils
achètent une heure de suprême et de sinistre jouissance :
ils vont dominer, et ils pourront se venger.

Ils se disaient opprimés ; les voici devenus maîtres.
Vos lois les gênaient ; ils en font d'autres. Cette société
où ils n'avaient pas eu de place, ils vont la refondre et
vous n'aurez point de place dans celle-ci. Eux, inconnus, méconnus, méprisés, « les mal chaussés, les mal
vêtus », les hôtes faméliques de l'ombre et de la misère,
ils s'épanouiront au grand soleil de la richesse et de la
célébrité. N'est-ce donc rien que cela, pour un cœur
avide de gloire, et qui en a été sevré ? Cette gloire est
mauvaise ; elle sera courte ; d'accord ! Mais elle retentira
comme une autre, et c'est ce qu'ils veulent.

Qu'importe le flacon, pourvu qu'ils aient l'ivresse !

Et puis, ce n'est pas tout ! Une fois maîtres, ils pourront enfin se venger ; et se venger, non pas de tel ou tel, de celui-ci ou de celui-là, mais de tous, de ce monsieur tout le monde qui forme la société, et qui leur a refusé non-seulement la gloire, mais le pain. Vengeance ! C'est l'espoir caressé cruellement, la récompense convoitée depuis le premier jour de malheur, par leur envie aigrie et leur vanité rancunière. Ils croient, pauvres fous ! que la vengeance endort les maux soufferts, comme le vin, et ils s'en soûlent ; ils noient ;dans ce flot de destruction les hontes bues, les armertumes endurées, l'envie ulcérée, l'impuissance et les défaites d'autrefois. La vengeance est le plaisir des dieux ; et, une fois sur l'autel du pouvoir, fût-il branlant sous leurs pieds, ces gueux se font dieux, et ils se vengent. L'éclat de leur esprit et le feu de leur haine illumineront l'histoire, et consumeront la société ; dans la flamme du pétrole, on verra étinceler leurs épigrammes, brûler leur rage, et flamber leurs paradoxes.

C'est surtout là l'histoire de Jules Vallès; le plus curieux et. le plus complet des déclassés de la plume. Il résume tous les caractères de l'espèce; il en est pour ainsi dire le type ; sa vie éclaire celle des autres. Cette biographie, amusante comme un roman, est instructive comme un chapitre de morale.

Contraste insuffisant

NF Z 43-120-14

CHAPITRE PREMIER.

ENFANCE. — EN PROVINCE.

Jules Vallès est né en 1833, au Puy, dans le Velay.

Il est de cette race d'Auvergne, vigoureuse et tenace, orgueilleuse comme les pics de ses montagnes, âpre comme l'air qu'on y respire. Cette race fournit à Paris les charbonniers robustes et travailleurs, qui viennent chez nous vivre quelques années, dans le labeur et la poussière noire, avec leurs femmes osseuses et leurs mioches dont la joue reluit de santé sous le charbon; qui gagnent peu, mais épargnent presque tout; qui poursuivent dans une économie obstinée, lentement, sou par sou, le but de leurs peines : la possession d'un petit magot sur lequel on achètera au pays une vache, quelques moutons, et un lopin de terre dont on sera le maître. Cette race fournit aussi des ambitieux, dont la politique ou la littérature a gardé les noms, et qui, dans une autre sphère, emploient les mêmes moyens d'action que les charbonniers : énergie, ténacité. Comme les premiers veulent arriver au petit sac d'écus longtemps rêvé, ceux-ci veulent arriver à la publicité, à la richesse, à la puissance, à la gloire. Race de montagne, à qui le roc semble avoir prêté sa dureté, le volcan sa flamme sourde, le vent des sommets son souffle aigu et mordant! Race têtue, avide, ambitieuse.

Vallès en est jusqu'au fond du cœur, jusqu'au bout des doigts.

Son père, professeur, et par conséquent pauvre, ne put empêcher cette jeune imagination de rêver le succès, et cette ardente volonté de vouloir combattre pour l'avoir. Au contraire, par les souvenirs à la fois doux et cuisants que Vallès a gardés de son enfance provinciale, il semble que cette médiocrité de fortune, cette vie simple de la famille, cette économie nécessaire, et cet horizon borné, au lieu d'étouffer en lui les désirs, n'aient fait que les exciter. Tout enfant, on sent déjà bouillonner dans cette tête vive, dans ce cœur violent, ce qui fera le Vallès des *Réfractaires*, de *la Rue*, et le Vallès de la Commune. Il est déjà fiévreux, hargneux, rageur, batailleur, surtout orgueilleux. L'esprit de révolte gronde en lui ; l'esprit d'aventure gonfle les voiles de son intelligence. A ce vague amour de l'indépendance, qui le jettera hors des voies battues, se mêle une haine précoce contre ceux qui font de ces voies battues leur chemin.

« Je pouvais bien avoir cinq ans, et j'allais déjà à
» l'école. Pauvre mioche ! Tous les matins je passais,

» avec mon grand cartable pendant sur mes petites jam-
» bes, le nez barbouillé de confitures, les mains pleines
» d'encre... A l'école, je causais toujours avec Alfred...
» J'adorais les fleurs brillantes, *l'orgueil* des lis ; il me
» fallait les hautes tiges, les grands panaches, et je pré-
» férais une rose vermeille sans odeur à une rose pâle
» qui embaumait (1) ».

Ce gamin de cinq ans qui recherchait déjà les couleurs
voyantes, il n'est pas besoin de dire s'il aimait les ba-
tailles, les luttes, le plaisir des coups donnés, de la victoire remportée. Les récits des vieux soldats, à la veillée,
échauffaient son ardeur ; et il faut voir comme il jouait
à la guerre, comme il se faisait nommer général, comme
sa petite vanité lui faisait déjà oublier, dans des songes
de gloire, la réalité des blessures. Un jour, il reçoit un
coup de sabre en bois, sur l'œil, et il ne voit pas de cet
œil-là pendant trois semaines. Il avait sept ans : un autre
enfant eût pleuré, se fût plaint. Mais lui : « Je souffris
» en silence et avec orgueil : j'aurais voulu devenir bor-
» gne, et je rêvais la croix (2) ».

Tout lui était matière à ambition, et son corps ne re-
culait même pas devant la souffrance, pourvu que son
désir de gloire pût y trouver un aliment. Une des scènes
les plus curieuses de son enfance, où s'étale le plus fièrement son amour effréné de renommée, est l'accès d'orgueil qu'il éprouve en face de la passion de Jésus-Christ.

(1) *La Rue*, p. 40.
(2) *La Rue*, p. 73.

On sait qu'il est encore d'usage, dans beaucoup de provinces, de *représenter* effectivement cette passion comme un drame muet et immobile, sinon avec des acteurs vivants, au moins avec des décors tout à fait réalistes; la croix, l'éponge trempée de vinaigre, la couronne d'épines, tout y est. On pense stimuler ainsi la piété des fidèles et donner une pâture à leur foi. Eh bien ! voici l'enseignement et la foi que Vallès enfant tirait de ce spectacle : « O démon terrible de l'orgueil ! J'enviais » le supplice de Jésus, au lieu d'admirer son courage ; » et j'aurais été, avec ma toupie dans ma poche, à une » mort pareille, si elle avait dû me donner l'immorta- » lité. J'aimais, dans ce temps-là, une élève de Mlle L..., » qui avait dix ans; je me serais livré à Caïphe tout de » suite, si j'eusse été sûr qu'elle épongerait, comme » Véronique, ma frimousse sanglante, sur le chemin du » gibet (1). »

En même temps que l'orgueil, qui devait le soutenir dans sa vie réfactaire, pointait déjà l'esprit d'aventure, qui devait l'y jeter. Plus que toute autre, cette imagination vive était facile au dévergondage, il ne fallait qu'une lecture intéressante pour la lancer, toutes voiles dehors, voguant sur la mer des rêves impossibles vers le pays des désirs sans bornes. Robinson, l'histoire de Jean-Bart, les Trappeurs de Cooper, tels sont les premiers conseillers qui lui montrent la voie ouverte en dehors de la société : dans une île déserte où l'on est son maître

(1) *La Rue,* p. 59.

absolu, sans loi, sans lien; sur un vaisseau de corsaire
où l'on est plus absolu encore, car on est le maître des
autres ; dans les prairies du nouveau monde, au grand
air, où le rifle est le seul arbitre. Quelle vive impression
font ces livres-là sur lui ! Comme il est *empoigné* ! Sur
la foi de ces contes, il bâtit sa vie ; il cherche un jour à
s'échapper de chez son père, naïvement, bêtement, espé-
rant trouver ici ou là, à quelques lieues, l'île désirée, le
vaisseau royaume, la prairie libre. A cet âge, c'est encore la bonne qui le rattrape et il suffit d'une taloche
pour morigéner l'aventureux moutard. Mais plus tard,
vers quatorze ans, il aura si bien la tête tournée qu'il
faudra une circonstance exceptionnelle et toutes les larmes de sa mère pour l'empêcher de partir aux Indes
comme pilotin. Plus tard encore, rien ne l'arrêtera sur
la pente de la politique émeutière et aventureuse, et il
roulera jusqu'au fond de cet abîme qui s'appelle la Commune de 1871.

En attendant, il se contentait alors de frotter des co-
peaux l'un contre l'autre pour voir « si ça prendrait ; »
et il préparait dans sa petite tête ce qu'il ferait du pouvoir et de la richesse au retour du grand voyage rêvé. Ce
qu'il en veut faire ? Ecoutez ! Vallès est déjà tout entier
dans ces désirs précoces de vengeance, d'autorité, de
jouissance. Sa première pensée, s'il revenait riche, serait d'humilier les gens qui l'ont connu pauvre : M. Chose
qui appelait la famille Vallès les *pannés* du cinquième;
la demoiselle du sous-chef, « qui riait toujours de vos
» culottes rapiécées et de vos gilets trop courts, etc. »

Puis il se vengerait de ses ennemis, et assaisonnerait
ainsi les voluptés inconnues dont il pourrait enfin se
repaître. « Quelles petites vengeances on mitonne ! Il
» y a des gens dont on fait brûler les maisons; voler les
» papiers, enlever les femmes. Puis on a une police, des
» noirs, des blanches, un sérail. Coquin d'enfant (1) » !

Et le gamin, qui se livrait à de telles espérances, était
obligé de vivre modestement, obscurément, dans une
famille pauvre, dans un trou de province. C'est presque
toujours de contrastes pareils que sortent les ambitions
sans frein, les désirs insatiables, les volontés féroces. La
pointe aiguë de l'envie et de la convoitise, loin de s'é-
mousser aux aspérités d'une existence médiocre, bourgeoise et prosaïque, ne fait au contraire que s'y aiguiser
davantage. A cet enfant qui rêvait millions, on donnait
dix sous par semaine, et encore devait-il les mettre dans
sa tirelire (2) ! A cet amoureux d'indépendance qui dévorait des histoires pleines du mot liberté, on défendait
de battre son tambour d'étrennes, de peur de gêner les
voisins! Vous avez tous plus ou moins passé par là ; vous
avez, comme Vallès, pleuré de rage quand on vous empêchait de jouer à votre guise; vous avez peut-être aussi,
comme lui, *chippé* les sous de votre tirelire pour acheter
le tabac défendu ; or, de telles minuties enfantines ne
vous ont pas rendu plus mauvais, n'est-ce pas ? Mais il
n'en est pas ainsi pour ces esprits trop fiers qu'une ré-

(1) *Les Réfractaires.* p. 179.
(2) *La Rue*, p. 74.

sistance quelconque irrite, pour ces orgueils précoces qui ne se veulent plier à rien ; meurtris, ils en gardent rancune, et de chagrins deviennent haineux. Ce n'est que le prélude d'une vie malheureuse, envieuse, hargneuse : c'est la première goutte de fiel tombée dans un cœur qui, plus tard, en débordera. « On ne me laisaît pas, à dix » ans, manger mes étrennes ; à quinze j'organisais des » révoltes au collége, et j'allumais des punchs dans le » dortoir. C'est toujours ainsi : comprimé on éclate ; on » va du sucre à la poudre, du bonbon au brûlot ; on veut, » dès qu'on n'a plus les mains serrées, exercer *à tout* » *prix* son indépendance. — *Cet exercice-là coûte cher* » *souvent* (1). ! »

Il ne lui coûtait alors que des remontrances ou quelques gifles, quand il revenait de vagabonder par les rues, et Dieu sait qu'il ne manquait pas une seule occasion de le faire. « J'étais, dit-il, un affreux polisson ; je » m'échappais par toutes les fentes ; j'allais jouer aux » billes avec des ramoneurs, et aux noyaux avec des » marchands d'allumettes !... Mon oncle me disait qu'on » commence par jouer avec des savoyards, et qu'on finit » par serrer la main à des galériens (2). » Prédiction de croquemitaine, comme on nous en a fait à tous, les jours où nous n'étions pas sages ! Qui eût dit que celle-là devait presque se réaliser ? Vallès en rit tout le premier dans cet article de la *Rue* où il la rappelle. Mais il est déjà engréné dans cette roue fatale où il mettait alors

(1) *La Rue*, p. 78.
(2) *La Rue*, p. 43.

le doigt; et, après avoir joué avec des ramoneurs, il ai-
mera à peindre les saltimbanques, il recherchera les
monstres, il se fera l'apôtre des déguenillés; en 1869, il
se présentera aux élections comme candidat de la misère;
et en 1871, c'est lui qui indiquera aux vaincus leur
arme suprême, la lutte *enflammée* de la dernière heure.

Ce qu'il fit au collége, lui-même nous l'a fait deviner
tout à l'heure, en parlant des punchs au dortoir, et des
révoltes organisées. Il y porta son esprit indiscipliné,
son imagination vive, et ses désirs de gloire. Doué d'une
grande intelligence, il fut, malgré sa paresse et son in-
conduite, un élève remarquable, d'abord au collége de
Saint-Etienne, puis à celui de Nantes. Il est à croire
qu'il y lisait plus de romans que de classiques, et qu'il y
faisait plus de rêves dorés que de devoirs. « On ne *bû-*
» *chait* vraiment, dit-il, que depuis la rentrée jusqu'à
» Noël. Noël venu, la foi tombait. A cheval sur un bou-
» din, la pensée filait au pays du *far-niente*; le carnaval
» bientôt montrait le bout de son faux nez; mardi-gras
» sonnait dans sa trompe; puis les jours devenaient plus
» longs, c'est-à-dire qu'il passait dans l'étude, par bouf-
» fées, un vent doux qui faisait rêver...; Pâques arrivait,
» qui creusait un trou dans l'année : c'était fini, il fai-
» sait si chaud (1) ! »

Cette douce fainéantise du lycée, elle est bien excu-
sable, voyons! Que celui qui ne s'y est pas livré, lève
la main! Qui donc n'est pas parti au pays du *far-niente*,

(1) *La Rue*, p. 82.

à cheval sur un boudin de Noël ou sur le souffle prin-
tanier qui rafraîchit un moment la triste et monotone
salle d'étude ? Mais là encore, ce qui est inoffensif chez
tout le monde, devient une semence dangereuse chez
Vallès. Si paresseux que nous ayons été, nous reconnais-
sons tous le prix du travail ; et nous lui sommes recon-
naissants de ce qu'il nous a rendu, si peu que nous lui
ayions prêté. Vallès, pensant après vingt ans, à ces heures perdues de l'enfance, ne trouve pour moralité que
cette théorie paradoxale : « Je compte pour bien peu, ma
» foi, le temps que les enfants perdent à ne pas appren-
» dre un grec stérile et un latin moisi. Qu'ils paressent
» donc (1) ! »

(1) *La Rue* (Proudhon), p. 220, etc.

CHAPITRE II.

1848. — LA FOI.

C'est ainsi préparé que Vallès arrive en 48. A ce moment de sa vie d'écolier, sous le ciel chaud de ses seize ans, se place une scène dont il s'est moqué depuis, dont il a raillé le souvenir « sonore et glorieux, » mais qui n'en est pas moins une de celles qui lui font le plus d'honneur. C'est peut-être pour cela qu'il s'est cru obligé d'en rire plus tard.

La République vient d'être proclamée à Paris, et on va la proclamer à Nantes. Il est là; et, au milieu d'exagérations de sentiment, malgré le peu de maturité de cet esprit qui ne se rend pas bien compte de l'idée sous laquelle il vibre, en dépit des couleurs burlesques qu'il prête à ce récit fait après coup, on sent quelle flamme d'enthousiasme a passé ce jour-là dans ce jeune cœur, quelle foi il avait en l'avenir, en la liberté, et de quelle étoffe précieuse était fait cet enfant. Et on regrette sincèrement, je vous le jure, que les fleurs de cette âme, si fraîches dans leur orgueilleux éclat, et si fièrement épanouies alors, n'aient produit que des fruits bizarres et une existence avortée.

Il est donc là, sur la place de la ville, attendant, anxieux, le cœur ému. « J'étais un affreux collégien, aux » souliers mal lacés, aux doigts pleins d'encre, tout dé- » braillé, tout fiévreux ; j'avançais, fier de mon désordre, » de ma redingote râpée, et rejetant mes longs cheveux » en arrière à la façon des tribuns antiques. » Mais sous cette enveloppe minable, quelle ardeur ! Une chose donne à ce pauvre hère cette allure de tribun ; c'est qu'il va « offrir son bras à la République. » Cet espoir le re- mue, le pousse, le fait vivre. Il murmure dans sa mé- moire les vers où « luit ardent le mot de liberté :

Summum disce decus pro libertate perire. »

Il entend un orateur dire à quelqu'un en lui serrant la main :

— Et celle-ci sera *sociale* ?

— Oui, oui ! redit-on dans le groupe.

Et il crie : Oui ! lui aussi. Il ne sait pas ce que signifie *sociale*, c'est vrai ; et plus tard, en racontant la scène, il se moquera de cette *épidémie d'enthousiasme*, de cette admiration inconsciente.

Tais-toi, malheureux ! Ne bafoue pas cette heure d'i- vresse ! Elle est sacrée. Qu'importe ce mot *sociale* ? Ton enthousiasme ne sort pas de lui. Ce que tu aimais dans ce moment-là, ce que tu acclamais, cette grande chose

que tu sentais vaguement te pénétrer au cœur comme
fait le soleil dans les corps, c'était la liberté ! Et l'eût-on
mal comprise plus tard, l'eût-on blessée même, il faut
se rappeler, avec fierté, le temps où l'on était assez
naïf pour lui offrir sa vie sans réfléchir. Tais-toi ! car si
ta fin a une excuse possible, si tu restes sympathique en
dépit de tout, c'est grâce à ce commencement ardent et
sincère. J'aime pour ton honneur cette scène dont tu ris
vingt ans après. Tandis qu'on plantait cet arbre de la liberté, tu mettais ta religion à rester tout le temps tête nue;
tu avais dans ton coin, les larmes aux yeux. C'est pour cela
qu'on voudra encore parler de toi, et, ne pouvant te garan-
tir de la haine, chercher à te sauver du mépris.

Oui, cette scène est grande, et nous avouons l'aimer dans
tous ses détails, même jusqu'à ce cri du jeune rhétoricien
féroce : « Le trou de la guillotine a encore la forme d'une
couronne ! » Pensée d'orgueil, et d'orgueil monstrueux,
soit ! mais pensée virile aussi ! Elle doit venir à tous ceux
qui sacrifient leur vie pour une cause. Quelle récompense
auront-ils donc, les forts, les courageux, ceux qui luttent
et qui vont à la mort, si en même temps que la conscience du devoir accompli, ils n'ont pas cette autre conscience d'une grande chose faite, cette récompense d'orgueil qui s'appelle la gloire ? Le trou de la guillotine a
l'air d'une couronne, et la mort politique a l'air d'un
martyre ; c'est ce qui fait qu'on les regarde en face sans
en avoir peur.

Si de telles idées conduisent quelquefois à de grands
crimes, elles sont souvent la cause de nobles héroïsmes.

Aussi, dans notre temps de faiblesse morale et de lâcheté politique, nous aimons à trouver de ces mots qui dénotent une force et une logique dans le sacrifice. Parmi nous, bonhommes de carton ou de cire, ces hommes de fer, si dangereux qu'ils puissent devenir, sont trop rares pour qu'on ne les salue pas en passant.

Ici, Vallès, je te salue !

CHAPITRE III.

PARIS. — LE DOUTE.

Paris! En 1849, il y arriva. Du fond de sa province, il vient là comme tant d'autres, comme le papillon vole vers la flamme qui va le brûler. Il ne sait pas encore bien ce qu'il va faire, ni même ce qu'il veut faire : il vient à Paris, il y est ; c'est déjà un pas. Ce premier pas, ce pas des arrivants sans bagage, avec l'espoir pour toute ressource, qui sait où il vous mènera ? L'histoire des Gilbert et des Hégésippe Moreau, tant faite, refaite, et surfaite, tombée dans la légende, n'en est pas moins vraie et triste. Quiconque se jette sur le pavé de la grande ville, dans la mêlée des ambitions et des convoitises, avec une plume pour arme, prend la misère pour drapeau. Avant de se rallier à ce panache noir, semblable à ceux des corbillards, il est naturel qu'on hésite.

Vallès hésita. Un chemin comme celui de tout le monde, un métier comme un autre, le professorat universitaire s'ouvrait devant lui. Son père l'y poussait ; ses aptitudes littéraires aussi. Il entre donc dans une pension de la rue Saint-Honoré, suivant les cours du lycée Bonaparte, et il se prépare à l'Ecole normale. Mais quelque carrière qu'on veuille courir, le plus difficile en France n'est pas d'y marcher, c'est d'y entrer. Une fois dans une adminisration, c'est comme dans une foule, on avance poussé sans s'en apercevoir ; l'effort véritable est pour se caser dans cette foule, pour se fourrer dans l'engrenage. Il faut pour cela une certaine dose de persévérance, qui fait surmonter le dégoût sans donner trop d'espoir ; ou bien un peu de chance qui remplace tout. Vallès n'eut ni l'une ni l'autre.

La décision prise, il ne sut point la conserver. Singulière faiblesse de caractère qu'ont ainsi souvent les gens les mieux trempés. Cette obstination qu'il faut pour préparer un examen est chose bien médiocre en somme ; des esprits très-vulgaires en sont capables, et pourtant certaines volontés, très-énergiques pour d'autres résultats, échouent devant celui-ci. Un homme qui aura le courage de se jeter dans l'aventure, de prendre pour ainsi dire la vie à bras-le-corps, et de lutter avec elle, et cela jusqu'à la mort, ne pourra cependant pas s'astreindre à ce courage banal d'un travail régulier.

Cette apparente faiblesse n'est, la plupart du temps, qu'une force mal employée. Au lieu de faire servir un peu de son énergie à viser le but facile qui se présente,

il arrive que l'esprit, orgueilleux parce qu'il se sent fort,
veut viser plus loin, plus haut, dédaigne ce qui est sous
la main, et use son ardeur à rêver ce qui n'y est point.
Comment courber vers un labeur déterminé, une imagination qui déploie ses ailes vers les chimères ? Tu penses
à la gloire, voici une version grecque ! Tu te crois grand
homme, corrige donc ce solécisme ! Supplice intolérable
en vérité, et tel qu'en blâmant la vanité de ceux qui se
l'infligent, il faut compatir aux souffrances qu'ils en
éprouvent. '

Ce fut donc une année perdue dans la paresse et dans
le doute. Aura-t-il le courage d'entrer dans la machine
et d'y être un rouage au milieu d'autres ? Aura-t-il le
courage, plus grand à coup sûr, de soulever, sans l'aide
de personne, le fardeau de l'existence sur ses épaules
solitaires ? Rude combat !

Ce combat, il le gagna une première fois. Envoyé au
concours général, il y brise sa plume d'écolier, abdique
l'espoir d'un prix de vers latins, passe son temps à causer
de république avec un *Charlemagne* crasseux ; ils font du
café, du gloria, se grisent de liqueurs frelatées et de songes
menteurs. Au diable la tradition ! Vive la liberté (1) !

« Je fis bien, dit-il plus tard, dans cette journée de
» juillet, de perdre mon temps avec le Diogène ardent de
» Charlemagne. A quoi pouvait me servir un prix de
» vers latins ? — A être de l'Ecole normale ? L'espérance
» d'une chaire vermoulue dans quelque lycée de pro-

(1) *La Rue*, p. 284.

2

» vince... Belle perspective... (1) Troupeau banal ! Ah !
» il faut, pour vivre content dans ce parc, avoir l'ambi-
» tion bien courte, le cerveau bien faible (2) ! »

Il refuse donc cette vie, où l'on va « par le chemin
» tout creux, tout long, en suivant la queue (3). » C'en
est fait ! Comme un de nos amis le lui entendait dire plus
tard, il avait ce jour-là « jeté le bonnet de son avenir
» par dessus le moulin de son orgueil. »

« J'avais seize ans, soif d'ambition et de périls, et, pour
» gagner ma vie, uniquement le désir d'arriver à l'im-
» mortalité. On est si bête quand on est jeune (4) ! »

Bête, il ne le fut jamais; mais il était encore bien naïf.
Son premier début vers l'immortalité ne fut ni plus ni
moins qu'un complot politique. Conspirateur à dix-sept
ans ! Et quel plan bien imaginé ! Il voulait simplement,
avec quatre collégiens comme lui, enlever... qui ? le pré-
sident Louis-Napoléon. On le bâillonnait et on l'empor-
tait dans un fiacre ; le tour était joué. C'est peu de con-
cevoir de telles chimères; Vallès les communiqua,
croyant les faire partager, au représentant Lagrange.
Celui-ci fit comprendre aux modernes Brutus qu'il y
aurait quelques difficultés, qu'il fallait attendre. On at-
tendit, et si bien que la police eut vent du complot, et
interna les conjurés à Mazas.

Certes, l'assurance de réussir dans de telles circon-

(1) La Rue, p. 285.
(2) La Rue, p. 227.
(3) La Rue, p. 286.
(4) La Rue, p. 22.

stances et par de tels moyens, prouve l'inexpérience de l'organisateur. Mais il y a en même temps, dans cette hardiesse, dans ce romanesque projet, une certaine grandeur, une foi courageuse dans le succès d'une entreprise juste, quelque chose enfin qui n'est ni d'un esprit ordinaire, ni d'un cœur égoïste. Il y a les germes d'un caractère héroïque. Un jour, Vallès fera un article qui lui vaudra la prison et l'amende, pour avoir dit qu'il ne pouvait voir l'empereur sans pâlir. Regrets du dessein inexécuté, honte de subir ce joug qu'on aurait peut-être pu briser, pâleur d'une rage légitime, ce sont de nobles et rares sentiments.

Heureusement, Vallès n'eut pas à payer trop cher ce premier accès de républicanisme. Il fut relâché sans jugement. Momentanément dégoûté de l'avenir, il retomba alors dans ses doutes, n'osant plus regarder en face cette société contre laquelle il s'était décidé à lutter de front. Il recula, remit, hésita encore, et finit par retourner à Nantes, se retremper dans la famille aux influences calmantes.

Mais il était dit qu'il ne serait pas calmé. Quand on a tâté de Paris, du Paris où se font les gloires, comment y renoncer ? « Sur ce pavé tout plein de boue, qui coupe » les pieds ou les salit, la nécessité ou la fièvre vous rap- » pelle. » Il revient donc.

CHAPITRE IV.

1852. — L'AVENIR FERMÉ.

Les débuts littéraires sont toujours chose pénible, quand on n'a ni protections, ni ressources pécuniaires ; mais il est certaines époques où ils sont presque impossibles. C'est au lendemain des coups d'État, des crises sociales, lorsque la pensée est bâillonnée, la plume terrorisée. Que faire ? que dire ? L'atonie a tout engourdi ; le repos est le seul besoin des intelligences ; et de même que personne n'a de goût à la nouveauté, l'écrivain n'a pas la tête libre pour l'invention. Les commencements de l'Empire sont plus qu'aucune autre époque en proie à ce sommeil lâche et stérile. Puis, les carrières brisées par le coup d'État encombraient le chemin des nouveaux venus. Vallès parle quelque part de « tous ces vaillants » jeunes hommes que la terreur blanche de la loi Fal-

» loux précipita de leur chaire sur le pavé, et à qui il fal-
» lut des trésors d'énergie pour [se relever de leur chute
» et prendre autre part leur élan (1) ». Quelle énergie ne
fallait-il donc pas à ceux qui, n'étant point encore accou-
tumés à la lutte, devaient du premier bond y entrer !
Ils avaient toutes les amertumes du vaincu, sans avoir
eu les émotions réconfortantes du combat.

N'importe ! Notre aventurier se lança. Il faut lui savoir
gré de cette vaillance : elle n'était pas commune.

C'est alors qu'il fut secrétaire de Gustave Planche,
l'éminent critique, le réfractaire lui aussi, mais en même
temps le grand honnête homme. Secrétaire est beaucoup
dire. Il fut plutôt l'ami du pauvre homme, qu'il égayait
de sa conversation vive, de ses paradoxes, de ses racon-
tars, et dont il reçut beaucoup moins d'argent que de
conseils. Nous n'analyserons pas l'étude émue et forte
que le jeune écrivain consacra en 1857 à son ancien
maître mort à la peine. Sous le titre de : « Un Réfractaire illustre (2) », Vallès produisit là trente pages
pleines de doux et d'amers souvenirs, où l'amitié vibre à
chaque ligne, où le courage se retrempe au spectacle
d'une existence probe, laborieuse, et cependant misérable. Écrite d'ailleurs avec le talent remarquable, le
style chaud et le cœur affectueux qui distinguaient déjà
Vallès, cette sorte d'oraison funèbre si familière et si
triste, n'est rien moins qu'un petit chef-d'œuvre. Il faudrait la citer tout entière, car d'un bout à l'autre elle

(1) *La Rue*, p. 280.
(2) *LesRéfractaires*, p. 125.

2.

mérite d'être lue. Elle fait aimer non-seulement celui
dont il est parlé, mais celui qui parle si bien. Elle fait
honneur à l'un et à l'autre ; et en pensant à ce jeune
ami d'un homme malheureux, sachant combien lui-
même fut malheureux aussi, on dit comme dans l'évan-
gile : « Qu'il lui soit beaucoup pardonné, car il a beau-
» coup souffert et beaucoup aimé. »

Séparé de Planche avant la mort de ce dernier, Vallès
fut alors un moment professeur. Il rentrait dans l'enseignement par cette porte bâtarde du professorat libre,
où l'on a plus d'ennuis encore, et moins de profits
que dans l'Université, où l'on vit presque au jour le
jour, courant le cachet comme un chat maigre court
l'amour, à la merci de parents souvent insolents et de
marchands de soupe presque toujours ladres. Position
transitoire, qu'on accepte parce qu'il faut du pain, dans
laquelle on végète en se berçant de l'espoir final, se
disant qu'on ne fait qu'y passer, mais qui à la longue
aigrit le caractère et fait haïr les hommes.

Dégoûté encore une fois, Vallès repartit de nouveau
pour Nantes, en 1856 ; « comme si », disait-il, en y pensant tout récemment « comme si j'avais eu un bon génie
» acharné à me sauver de Paris. » Mais pourquoi un
bon génie ? Aurait-il mieux valu pour lui qu'il restât
en province, sans but, sans ambition, après avoir goûté
l'amour de la gloire, et y avoir renoncé ? Nous en avons
vu de ces anciens bohèmes, redevenus hommes comme
tout le monde, et rien ne peut exprimer l'existence misérablement triste, à laquelle ils étaient voués, le tom-

beau intellectuel dans lequel ils s'éteignaient. La bana-
lité a cela de particulièrement cruel que si on revient à
elle après en avoir été dégoûté, c'est pour la trouver
plus banale encore, et en mourir. C'est là réellement
retourner à un vomissement. Vallès ne put s'y faire ; il
devait tenter encore la fortune de l'aventure. A ce jeu il
va perdre le bonheur ; mais nous y gagnerons un homme
de talent de plus. C'est en 1857 qu'il va débuter par
un ouvrage où déjà sa griffe originale est empreinte,
l'*Argent*.

CHAPITRE V.

L'ARGENT.

C'est à Nantes même qu'il composa et fit publier ce premier écrit, un pamphlet, intitulé « *l'Argent*, par un homme de lettres devenu journaliste. »

Mais, pour publier ce pamphlet sur *l'Argent*, il fallait d'abord avoir ce dont il traitait, et Vallès était sans un sou. Il plia devant la nécessité, et obtint d'un imprimeur, M. Léon Jumelais, une édition à mille exemplaires, en s'engageant à travailler pendant un an dans la maison. C'était un lien ; mais au moins, à ce prix, il pourrait exprimer enfin ses idées, ses désirs, et faire jaillir tout ce qui bouillonnait en lui de convoitise inassouvie.

L'argent ! les jouissances ! le pouvoir ! tel est son thème. Renonçons aux lettres qui ne peuvent même pas donner de pain, et jetons-nous dans la bourse, dans la

spéculation, dans le journalisme qui est la Bourse des
lettres, pour avoir non-seulement le pain, mais le des-
sert ! Dans une préface, que l'on a pu croire ironique,
et qui n'en est pas moins sincère, l'envie, l'avidité du
pauvre sont brutalement exprimées. Le vœu sempiternel
des déshérités sort avec ce cri, qui revient comme une
obsession : « Vive l'argent ! » Sur la couverture jaune
d'or, s'étale, comme une estampille significative, une
pièce de cent sous avec cette légende :

« Je vaux cinq au contrôle, et cent dans la cou-
lisse. »

Et tout le long de la brochure est développée cette
phrase de la préface : « Faisons de l'argent, morbleu !
» Gagnons de quoi venger le passé triste, de quoi faire
» le lendemain joyeux, de quoi acheter de l'amour,
» des chevaux, et des hommes. »

L'orgueil cupide, les chimères dressées en théories, la
rage tournée au système, tout Vallès se trouve là ; et
avec son style vigoureux, nerveux, qui prend l'attention
comme dans une pince. Son coup d'essai était un coup
de maître. Voici comment on le jugea alors, dans l'Histoire de la presse parisienne en 1857 : « Il y a là de la
» fièvre, de l'énergie, un sans-façon brutal, des para-
» doxes odieux, une ironie froide et calculée, des désil-
» lusions malsaines. Cela navre, cela écœure, et cela se
» fait lire parce que cela a le diable au corps..... Pour-
» quoi faut-il donc qu'un écrivain trempé de la sorte se
» fourvoie ainsi dès le commencement de sa carrière ? »

Le jugement est bien porté ; l'esprit et le style de l'au-

teur y sont notés comme ils doivent l'être, et tels qu'ils
resteront désormais. Seulement le critique se trompait
en croyant Vallès fourvoyé; le jeune écrivain venait, au
contraire, de trouver sa voie propre, la carrière qui convenait à son talent tout de paradoxe et d'ironie, pétri de
brutalité et de colère, enluminé de couleurs voyantes, et
dont l'orgueil devait être la muse originale.

Malgré ces qualités remarquables, l'ouvrage ne fut
point assez remarqué; l'argent tant désiré ne vint pas
trouver son apologiste, et Vallès, pauvre après comme
avant, ne put résister plus longtemps au désir, au besoin
de revoir Paris. Il brisa donc la chaîne qui le retenait à
Nantes, et partit sans payer à M. Jumelais la dette de
temps qu'il avait contractée.

Sa brochure lui permit cependant d'entrer au *Figaro*,
comme chroniqueur de la Bourse. Mais le *Figaro* était
alors bi-hebdomadaire, la part de rédaction du chroniqueur de la Bourse était on ne peut plus mince, et Vallès
se trouva de nouveau sur le pavé de Paris, avec ses ambitions, ayant pour horizon la misère. Cette fois il était
bien jeté dans la bohème, et il ne devait plus quitter ce
chemin où il était déjà trop loin pour reculer.

Ce chemin, c'était la vie de réfractaire.

CHAPITRE VI.

LE RÉFRACTAIRE.

Cette vie de bohème, telle que l'a faite la société moderne ; cette misère qui se heurte à chaque pas aux jouissances du luxe ; ces obscures privations qui voient luire autour d'elles les splendeurs de la richesse ; cette boue du vagabondage où l'on patauge, dans le froid et la faim, éclaboussé par les équipages insolents du bonheur ; ce pèlerinage douloureux vers un but qui recule sans cesse ; tout cela est à peine connu. Mürger a peint la bohème d'un pinceau fantaisiste, trop gaie et trop attrayante. Il l'a idéalisée. On sent qu'il en est sorti heureusement, et le plaisir de l'homme arrivé lui fait oublier les souffrances de l'homme qui marche. Il se repose dans ces souvenirs ; et, à travers le voile charmant dont il les couvre, la réalité affreuse n'apparaît pas assez. Le tableau vrai, navrant, cruel, de cette existence misérable, il faut le chercher dans Vallès. A côté des *Scènes de la vie de Bohème*, comme conclusion à une telle lecture, il faut lire les *Réfractaires*. Il n'y a plus ici la gaieté mais l'ironie; il n'y a pas le rire des satisfaits : c'est la grimace des damnés. Une éloquence âpre, mordante, poignante, vous serre le cœur. Les calembours de Schaunard et les chansons de Musette sonneraient faux dans cet adagio lugubre, où pleure la misère, où grince l'orgueil, où siffle le sarcasme. Danse macabre dont les personnages sont à la fois des caricatures et des spectres. Ecoutez et regardez (1)!

« Je les reconnaîtrais entre mille, ces réfractaires !

» Ce paletot, de coupe ambitieuse, brûlé par le soleil
» et fripé par la pluie, ce pantalon qui fut gris-perle,
» cet habit à queue de morue dessalée par la misère,
» qui a déjà servi trois carêmes, sous lequel je l'ai vu
» trotter l'automne dernier par l'orage, cet hiver sous
» la neige! Et la chaussure, toujours étrange! des sou-
» liers de bal, des bottes de pêcheur, des bottines de
» femme, ce qu'ils trouvent! des pantoufles, quand il y
» en a. Mon Dieu oui! j'en ai vu qui ont traversé la vie
» — en voisin — en pantoufles et en cheveux... Pour
» dissimuler leur pauvreté, pour ne pas la porter
» comme un joug, ils la portent comme une fantaisie.
» Ils prennent des airs d'inspiré ou d'excentrique, de
» farceur ou de puritain, — Diogène ou Brutus, Escousse
» ou Lantara... Ils consentent à passer pour fous, à

(1) *Les Réfractaires*, p. 1 à 35 *passim.*

» condition de paraître moins pauvres ; ils laissent dire
» qu'ils *déménagent*, pour avoir l'air d'avoir des meu-
» bles... Entre eux, du reste, et le pauvre banal, existe
» la différence de l'esclave au vaincu. Ils n'ont point
» l'air de mendiants, mais d'émigrés. Dans les rides de
» leur visage, je lis autre chose que les angoisses d'un
» corps qui souffre, j'y lis les douleurs de l'orgueil
» blessé. Ils rient pourtant ; il le faut bien ! S'ils n'atta-
» chaient pas de grelots à leur bonnet vert, leurs vi-
» sages pâles vous feraient peur... Ils rient, c'est là leur
» courage et leur vertu ; c'est souvent pour ne pas
» pleurer. Ces rires-là, je les connais ; ils valent les
» larmes des crocodiles... Ces gens pouvaient être si
» heureux ! Mais non !... Ils préfèrent rôder dans la
» neige, la flamme au cœur. On se croit libre ! — Ils se
» disent libres ! »

Arrêtons-nous ! Les trente pages des *Réfractaires* pas-
seraient en citation. Il faut les lire. Mais qu'en pensez-
vous ? Comme ce pays-là ressemble peu aux joyeuses
scènes de Mürger ! Quelle amertume dans ces plaisante-
ries, quelles larmes âcres et brûlantes servent de vernis
à ce tableau ! Comprenez-vous ces supplices, dont la
faim et le froid ne sont que l'accompagnement douloureux, et dont le cœur aigri fait la plus horrible torture ?
Voyez-vous comme le démon d'orgueil les retourne sur
le gril, et en même temps les aiguillonne de sa pointe ?
On dirait un coup de fouet qui les met en sang, mais qui
les fait bondir. Ils en souffrent, mais ils en vivent, en
attendant qu'ils en meurent.

3

Plus qu'aucun autre peut-être, Vallès en a vécu. Le paletot du vagabond, il l'a porté ; les souliers hétéroclites, il a marché dedans ; le rire de crocodile, il l'a connu, dans sa barbe en broussaille ; il a fait sonner bizarrement les grelots de son bonnet vert ; il a senti surtout les peines cuisantes et les fières consolations de l'orgueil. Pendant trois ans, de 1857 à 1860, il fut le plus accompli et le plus malheureux des réfractaires.

Le pays du réfractaire, c'est le quartier latin. Il y subsiste comme il peut, mais au moins il peut y mettre plusieurs années avant de crever de faim. Il y a là des connaissances, des pays, des camarades de collége, et c'est sur eux qu'on place l'espoir des dîners aventureux et des couchers incertains. On trouve, par-ci par-là, au quatrième étage d'un garni, ou à la table du fond d'un café, tantôt une croûte de pâté à grignoter, tantôt une absinthe à boire. On sait qu'à telle heure, en haut de la rue Monsieur-le-Prince ou dans la rue de l'Ecole-de-Médecine, un fauteuil vous tend les bras, une blague à tabac vous ouvre son sein, un ami vous laisse lui hurler vos vers. C'est autant de consolations. Que dis-je ? Ce sont des ressources, quelquefois les seules.

Et puis, il y a des brasseries, des cafés, des mastroquets, où l'on se rencontre, où l'on a *l'œil,* où l'on peut oublier un beau soir les souffrances dans les discussions libres et les consommations gratuites.

C'est *Polidor,* où l'on voit des filles *pannées* et des collégiens en goguette

Manger l'œuf sur le plat solitaire et pensif.

Polidor où *pitanche le Père* avant d'aller se mettre dans l'état.

C'est la *Brasserie de Gambrinus*, où Vallès et Vermersch ont longtemps tenu le haut bout de la table entre la mousse de bocks et celle de leurs théories.

C'est le *Cochon fidèle,* ci-devant rue des Cordiers, transplanté maintenant et oublié rue Gay-Lussac, malgré ses peintures à fresque, que la fumée épaisse des pipes empêchait de voir autrefois...

C'est l'*Académie* Pellorier, avec ses futailles rangées, ses parfums violents de distillateur, ses verres de n'importe quoi à trois sous ; son atmosphère de libre pensée et de politique, où des professeurs dégommés, des poëtes sans nom, des savants sans chemise, des journalistes sans plume, viennent parler ce qu'ils promettent d'écrire. Nous y avons vu un ancien précepteur russe à 12,000 francs d'appointements, qui achetait le droit d'y passer la journée en y cassant la glace à rafraîchir. On y trouve aussi le père Saint-Martin, qui achète, vend, et échange toutes sortes de choses. On met son chapeau à la patère de Saint-Martin, ou un habit, ou une pipe si l'on veut ; il entre, regarde l'objet, le manie, puis vous en offre quelques sous, en frottant votre main contre son menton mal rasé, et en vous appelant « mon frère. »

Dans ces établissements, les réfractaires se trouvent, se soutiennent, s'encouragent, se disent tout ce qu'ils rêvent et se lisent le peu qu'ils font.

Vallès, lui, quoique paresseux à l'excès, produisait cependant plus que la plupart. Après Vermersch, c'est un des esprits les plus faciles que nous ayons connus. Logé avec son Pylade, un ex-dominicain nommé Poupard-Davyl, il se lançait hardiment dans ces compositions énormes qui n'effrayent pas les commençants : romans en plusieurs volumes, drames en 5 ou 6 actes, — et en vers. Hélas! combien de péripéties, de lignes trouvées, de caractères créés, qu'on se met à écrire avec courage, et qu'on abandonne désillusionné, découragé, et qui ne voient point le jour, ni même le journal! Combien de drames chevelus, imaginés à l'ombre d'un chapeau chauve, et qui, au lieu des feux de la rampe, ne voient que celui de la cheminée!

Poupard-Davyl admirait. Après s'être autrefois, à Nantes, battu en duel avec Vallès, il ne se battait maintenant, à coups de discussion, que contre les détracteurs de son ami. L'ami d'ailleurs s'admirait aussi lui-même. Il était jeune; et, comme on dit, c'est le bon temps.

C'est le temps où l'on fait des vers — plus souvent qu'on ne change de linge ; le temps où l'on croit que *c'est arrivé* — et qu'on arrivera soi-même; le temps où l'on appelle la Muse sa maîtresse — parce qu'elle coûte moins cher que celles à dix francs ; le temps de la foi enfin et de l'enthousiasme. Vallès le passa, et l'Odéon eut, de lui comme de tant d'autres, des drames à refuser et des malédictions à recevoir. Et pourtant, comme il faisait bien sonner ses tirades à effet, ses alexandrins retentissants, dans les petits cénacles d'amis, n'importe où, près d'un punch d'étudiant ou d'un *mêlé-cassis* de *mannezingue*, quand il trouvait un auditeur! Amédée Rolland, Charles

Bataille et quelques autres se souviennent encore de cette voix sourde et mordante, nerveuse comme son style ; et peut-être n'ont-ils pas perdu tout à fait la mémoire de quelques-uns de ses vers, qui étaient certes aussi bons que tous ceux qu'on fait depuis vingt ans.

Il est bien difficile de retrouver aujourd'hui les gouttes perdues de cette veine poétique de Vallès. Elles sont restées figées au fond des bouteilles qu'il vidait alors avec les amis, en leur déclamant ses *œuvres*. Lui-même, plus tard, les jugeant sans doute aussi sévèrement que le faisait l'Odéon, n'en a rien conservé. On n'a qu'un échantillon de sa poésie, mais non dramatique. C'est un conte, fort joli en vérité, intitulé l'*Habit vert*, plein d'esprit et à la fois de sensibilité, tourné légèrement, agréablement, dans un ton bien peu semblable à sa manière ordinaire. Il y raconte l'arrivée à Paris, et le premier amour d'un provincial, qui n'est autre que lui-même, bien qu'il termine le récit par ces mots : « Cette histoire est un conte. » En voici le début :

C'était... vous savez quand ? J'avais pris la Rotonde ;
Mes bras s'ouvraient tout grands pour embrasser le monde ;
Je n'avais pas, mon Dieu ! fermé l'œil de deux nuits ;
J'étais un fort poète en marche sur Paris.
L'Auvergnat déposa ma malle à votre porte.
— Les vrais bonheurs souvent nous viennent de la sorte.—
Vous étiez fraîche, belle, une rose de mai ;
Votre cou... votre nez... enfin je vous aimai.
Mais vous ne m'aimiez pas. J'avais l'air un peu bête,
Je parlais fort, les yeux me sortaient de la tête ;
J'étais assez bien fait, mais assez mal couvert.
— J'avais un gilet jaune avec un habit vert.—
T'en souviens-tu, pourtant, qu'un beau soir de novembre,

Je te parlai si doux, ma chère, dans ta chambre,
Et te donnai si bien un courageux baiser
Que ta lèvre n'osa me défendre d'oser ?
Te le rappelles-tu, qu'on éloigna la bonne ?
Tu m'appelas chéri ; je t'appelai mignonne ;
J'appuyai doucement ton cœur contre le mien,
Et je représentai la province assez bien (1).

Et l'histoire continue sur cette note où le cœur et l'esprit mêlent leur voix, d'une façon charmante et dans un style tout français. Qu'on puisse y trouver l'étoffe d'un grand poëte, il faudrait être partial pour le dire ; mais n'est-ce pas que cela vaut mieux que les niaiseries pédantesquement rimées dont quelques Parnassiens nous abreuvent aujourd'hui sur papier de Chine et en lettres imitation d'Elzevir ?

Cette heure de poésie est une des meilleures de Vallès. Plus tard, ses désirs d'argent seront assouvis à l'*Evénement* ; plus tard encore son ambition trouvera pâture à la Commune ; pour le moment, il nageait en pleine imagination et se berçait dans les rêves de gloire. Il y a en lui trois hommes : le chroniqueur joyeux doré par M. de Villemessant ; le membre du gouvernement du 18 mars ; et enfin le réfractaire. C'est celui-ci que nous préférons. Là, il est vraiment lui.

Vallès avait à ce moment sa physionomie la plus caractéristique. Ce n'était pas encore l'heureux, rasé de frais, les cheveux peignés, le linge propre ; ce n'était plus le pauvre écolier non plus dans sa redingote grotesque ; c'était un être laid et beau tout ensemble, comme toutes

(1) *Les Réfractaires*, p. 313.

les laideurs où éclate une intelligence, où respire une force.

D'une taille moyenne, plutôt petite que grande, il était maigre, nerveux et trapu. Sous son costume débraillé, peut-être avec affectation, habitait l'hôte qui brille aux trous du manteau de Diogène : l'orgueil. Le front carré, assez haut, était bien encadré par une forêt de cheveux noirs, qui se dressaient dru et en épis. Sa barbe, noire aussi, et plantée en broussailles, faisait ressortir en blanc la face tourmentée, dure, sauvage, et cependant sympathique. Tout cet ensemble faisait mauvaise impression au premier abord, mais frappait, et on s'y attachait en regardant mieux. Lèvres pincées ; nez aux ailes franches et frémissantes ; mâchoire large et forte ; yeux bruns, inégaux en grandeur, riches d'un feu sombre et striés de filets sanguinolents ; paupières prématurément ridées ; le tout au milieu de plis, de bosses, de trous, de méplats vigoureux. La bile, la fièvre, la vanité, mais aussi l'intelligence et la puissance, avaient creusé et sculpté tout cela. Toute idée de comparaison écartée, c'était une tête à la Mirabeau, en ce sens qu'elle était, si je puis ainsi dire, belle de laideur.

Il était fier de la porter, et ne l'eût pas échangée contre celle d'un Apollon. Au bas d'une de ses photographies, il écrivit un jour les vers suivants, qu'il devait avoir faits avec plaisir.

> C'est bien là la mine bourrue
> Qui dans un salon ferait peur,
> Mais qui peut-être dans la rue

Plairait à la foule en fureur.
Je suis l'ami du pauvre hère
Qui dans l'ombre a faim, froid, sommeil,
Comment, artiste, as-tu pu faire
Mon portrait avec du soleil ?

Aussi n'est-ce point celui-là, une photographie, qu'il
faut regarder pour avoir l'expression de cette figure. Il
faut trouver un certain dessin de la *Lune*, représentant
la charge de Vallès, par André Gill. C'est plus qu'une
excellente caricature, c'est un merveilleux portrait. Gill,
en le faisant, songeait-il donc à cette phrase amère de
la *Rue :* « Il attache des casseroles à la queue de ses tris-
» tesses, et les fouettant devant lui, se venge de la souf-
» france par l'ironie (1). » L'artiste a imaginé un Vallès
en chien, comme celui qui suit misérablement le *convoi
du pauvre*, et lui a attaché une casserole à la queue. L'in-
tention du dessin est frappante ; le cachet de la physionomie est vivant. Tout Vallès, tout le réfractaire, est com-
pris et exprimé en trois coups de crayon.

Quelles tristesses, en effet, n'avait-il pas alors à
supporter, et quelle amère ironie il mettait à les trans-
former en paradoxes, à en faire des peintures navrantes !
La misère, la faim même, il eut tout à souffrir ; et la
notoriété, qu'il méritait par son talent, ne venait pas encore
le consoler et le soutenir dans ses épreuves. Quels que
fussent les vers dramatiques du jeune réfractaire, toujours est-il qu'il ne put faire ouvrir pour eux les portes
de l'Odéon, ni par eux les portes des boulangers. Il
mourait de faim, comme tous le poëtes débutants, rongé

(1) *La Rue*, p. 281.

par ses vers. Il fallut aviser, et prendre un métier quelconque, une planche où avoir du pain.

Pendant quatre ans, il fut employé expéditionnaire à la mairie de Vaugirard. On sait, ou plutôt on ne sait pas assez, quelle est cette existence monotone, abrutissante, du petit employé. « Je l'ai menée quatre ans, dit-il. Elles » me compteront pour l'autre monde, ces années-là(1)! J'ai » suivi la même rue mille quatre cent vingt et une fois, » toujours aux mêmes heures (2)... On dépendait quelque- » fois d'un pitoyable sire, qui, méprisé de tous, arrivé à la » force de l'ancienneté, se vengeait sur ceux qui étaient » intelligents. Mon cœur se soulève à y songer » (3). Si seulement on gagnait son pain, à cette sueur misérable de son front. Mais non! Les appointements sont là en raison inverse des ennuis ; et il fallait faire autre chose en plus pour mettre ensemble les deux bouts. Vallès faisait alors, pour le compte de certains libraires, des travaux non signés, et payés presque de même : compilations, annotations, etc... Un moment il écrivit la chronique à la revue le *Présent*. Puis il entra dans une rédaction dont Rochefort était le chef, et dont l'instrument était une feuille autographiée intitulée la *Chronique parisienne*; mais ce fut une feuille morte. Tout cela rapportait peu, et il n'y eut guère d'allégement alors pour Vallès, si ce n'est dans sa bourse, toujours de plus en plus légère, — quand il en avait une.

(1) *La Rue*, p. 80.
(2) *La Rue*, p. 29.
(3) *La Rue*, p. 81.

3.

C'est alors qu'il connut ces types bizarres, décrits plus
tard par lui dans les *Réfractaires*, Fontan-Crusoé, Pou-
pelin, Chaque, Cressot, etc..., et qu'il vécut de leur vie.
Plus heureux que la plupart d'entre eux, cependant, il
put en les fréquentant, leur faire parfois du bien. Cet
homme, qui parle toujours de lui, et qui semble être un
parfait égoïste, était au fond d'un bon cœur. Quand il
lui tombait un peu d'argent dans les mains, il le laissait
glisser entre ses doigts, mais en arrosait les pauvres
diables ses amis. Dans le fameux cabinet de lecture de
Mlle Morel, rue Casimir-Delavigne (dont nous parlerons
tout à l'heure, et où il travaillait souvent), on pourrait
citer plus d'un trait de lui capable de faire honneur aux
âmes les plus charitables. Il y fit entrer le malheureux
Fontan, qu'on put occuper d'un travail gagne-pain, et
auquel il paya plus d'une fois à dîner, avec ce qu'on
peut appeler le denier de la veuve.

Quand il y a tant de riches au cœur dur, quand la
charité bien faite est si rare, il faut reconnaître et estimer la bonté de ce réfractaire malheureux qui consolait
de plus malheureux encore. Il ne déjeunait pas le lendemain ; qu'importe ? Il avait restauré la veille un meurt-
de-faim comme lui. Il avait apporté le bonheur à un de
ces estomacs vides dans lesquels, dit-il quelque part, on
a le vertige à descendre. Bien lourd est le poids des ana-
thèmes dont on charge aujourd'hui sa mémoire ; mais
qui sait si ce poids n'est pas balancé par les bonnes ac-
tions d'alors, et si le passé du réfractaire ne pourra faire
absoudre le présent du communeux ! Le talent joint à la

bonté est chose si précieuse ! la bonté dans une âme aigrie est chose si méritoire ! l'aumône du pauvre est si belle !

Vallès ne devint réellement mauvais qu'avec la prospérité.

———————

CHAPITRE VIII.

ÉPANOUISSEMENT.

Ce fut en 1860. Cette année-là, il apporte au *Figaro* un long article fort remarqué : le *Dimanche d'un jeune homme pauvre* (1).

C'est un dimanche de réfractaire, et l'on voit d'ici dans quel style, avec quels bons mots amers, est décrite cette longue journée pendant laquelle le pauvre ne voit autour de lui que la richesse, le malheureux que la joie, le travailleur que le repos. Journée d'ennui et d'envie, où l'on s'aigrit au spectacle choquant du bonheur, où « l'esprit se gâte, où le cœur se fane. » Cependant le jeune homme pauvre voit passer des gens qui semblent plus malheureux que lui : des collégiens conduits par un pion. Il s'écrie : « Pauvres enfants ! pauvre homme ! » plus à plaindre encore que moi ! — Ils sont prison-

(1) *Les Refractaires*, p. 205 à 224, *passim*.

» niers! je suis libre! » C'est là une consolation. Mais comme elle s'envole vite, en réfléchissant. « Libre? non, » tu ne l'es pas, rôdeur au paletot chauve, au chapeau » rougeâtre. Tu passes triste, honteux, au milieu de ces » promeneurs en toilette neuve; tu as peur de rencon- » trer l'ami riche, le protecteur puissant; tu n'oses re- » garder en face les belles créatures qui flânent[par là, » dans leur cuirasse de soie et de velours. Dans ta po- » che, à toi, qu'y a-t-il? Un manuscrit fripé des bords, » avec un titre — qu'on n'escompte pas à la Banque. » Puis, dans cette promenade énervante, l'appétit vient, l'estomac crie, et l'argent ne peut lui répondre. « Dans » ce duel avec la faim, ce n'est pas le ventre qui souffre, » c'est l'âme. Il y a dans le spectacle de son impuissance » je ne sais quoi de cruel et de sombre qui pousse à la » révolte. Le pouls bat moins fort que le cœur... Voilà » ce que c'est que d'avoir faim dans le pays des orgueil- » leux (1). » Et, passant en revue les épiciers, droguis- tes, etc..., les pieds dans la boue, l'œil errant vers les paradis profanes, exténué, désespéré, il rentre dans sa mansarde. Tel est le dimanche d'un jeune homme pauvre.

Il fut pour Vallès le commencement d'une semaine riche et d'une période heureuse. M. de Villemessant, frappé de ce talent énergique et original, mit quelque or dans le gousset vide du réfractaire, et l'engagea à re- venir. Il revint en effet, mais par intermittence, quand

(1) *Les Réfractaires.* (Dimanche d'un jeune homme pauvre.)

l'argent lui manquait ; il semblait s'apprivoiser peu à peu à la bonne fortune. Il n'était déjà plus un inconnu, ni un pauvre ; il se relâchait dans le bonheur.

Pourtant, en 1861, il apporta son grand article, dont il devait faire plus tard la préface de son grand livre : les *Réfractaires*. Nous l'avons déjà mentionné, nous l'avons en quelque sorte analysé en racontant la vie de Vallès bohème ; nous en avons cité çà et là bien des passages. Nous en détachons maintenant une seule phrase qu'on n'a sans doute pas remarquée quand parut l'article, et dont on comprend aujourd'hui la terrible vérité.

« Donnez-moi trois cents de ces hommes, quelque
» chose comme un drapeau, jetez-moi là, sous la mi-
» traille, en face des régiments, et vous verrez ce que
» j'en fais et des canons et des artilleurs, à la tête de
» mes réfractaires (1) ! »

Cruelle prédiction ! En attendant qu'il pût la réaliser, Vallès ne se servit alors de ses *Réfractaires* que pour s'ouvrir le chemin de la notoriété et de l'aisance. En les peignant, il gagnait de quoi les quitter. L'article fut vivement remarqué, comme il le méritait ; et le talent de l'auteur, recherché désormais, eut cours sur la place. De 1861 à 1865, il va de journal en journal, bien payé des directeurs, fort goûté des lecteurs, en passe de devenir riche et heureux. La *Revue européenne*, la *Presse*, la *Liberté*, le *Figaro*, l'*Epoque*, se partagent ses loisirs et les lui dorent.

(2) *Les Réfractaires*, p. 31.

Sans renoncer entièrement à sa manière brutale et paradoxale, Vallès vient alors à résipiscence. On dirait que le bonheur a émoussé sinon la pointe de son esprit, tout au moins celle de ses haines. On ne sent plus la même âpreté déchirante qui, pour peindre les Réfractaires, faisait frissonner les lecteurs ; on cherche en vain cette éloquence des maux soufferts, qui, pour mieux enluminer la page de rouge sombre, faisait volontiers saigner la phrase. Tout cela est adouci, apaisé.

Cependant Vallès aime toujours les misérables, les va-nu-pieds ; il se fait l'historiographe des saltimbanques (1), le photographe des phénomènes. Mais on voit bien qu'il ne fait plus ce métier qu'en amateur et pour amuser le public, à qui ces exhibitions ne déplaisent pas. Son pinceau tout réaliste se délecte à ces peintures, son âme entière n'y est plus. Certes, la galerie est curieuse et bien présentée ; on entend battre la grosse caisse de la parade, siffler les lazzis des paillasses, hurler le boniment des patrons. Tout ce peuple des banquistes, de la *Loge* à *l'Entre-sort*, passe devant nos yeux comme une sarabande. C'est Laroche, le grand Laroche, le premier reins du monde ; le gros Dubois, le vieux Marseille le pur-poignet, le fameux Arpin, le terrible Rabasson et les autres, sans parler des boxeurs anglais, Tom Sayers en tête. Puis vient le clan des monstres : Mathusalem, l'homme aux rats ; Chicot, l'homme au pavé ; la belle Césarine, cul-de-jatte et je ne sais plus quoi encore,

---

(3) *La Rue*, les *Saltimbanques.* p. 81 à 177, *passim.*

mère de dix enfants, surnommée la Vénus au râble ; le
grimacier taciturne ; les nains, les géants, les colosses ;
jusqu'à la vraie femme à barbe, dont l'histoire mysté-
rieusement alléchante se termine par ce vers parodié ;

> Voilà le vieux sapeur qui revient de Lesbos.

Que sais-je encore ? Il y a toutes les espèces de ce
genre, dompteurs, chanteurs, pîtres, puces, éléphants,
tirangeurs de brêmes, etc. C'est une véritable banquo-
graphie (1). Lisez-la, car elle est intéressante ; mais ne
comptez plus y trouver ce qui vivait et palpitait dans la
vie de Gustave Planche, ou dans celle de Fontan : un
cœur blessé découvrant sa blessure. Le cœur est ici tout
à fait supplanté par l'esprit ; seule l'originalité en fait le
charme.

Telle est l'influence du bonheur sur le caractère ! Le
repos est comme tous les calmants, un débilitant. C'est
la lutte, la souffrance qui fait produire le beau ; et rien
n'est vrai comme le mot d'Horace :

> *Paupertas impulit audax*
> *Ut versus facerem.....*

Riche, satisfait, non-seulement Vallès perd l'énergie de
sa volonté, mais il en vient à renier ce qui peut lui rappeler qu'il l'avait autrefois. C'est alors qu'il raconte en
plaisantant la grande scène d'enthousiasme de 48 ; c'est
alors qu'il raille ses anciens désirs de gloire, son goût

(1) *La Rue*, p. 226 à 245, *passim.*

d'enfant pour l'aventure, jusqu'à l'orgueil, sans lequel
pourtant il n'aurait pu vivre. Alors, aussi, il renonce
ouvertement aux théories politiques qu'il avait si longtemps caressées, et auxquelles la misère devait le rendre,
celles qui admettent la violence comme moyen d'action
pour fonder la liberté. Lui, le réfactaire, qui trouvait la
voix du fusil bonne pour la discussion ; lui qui, au noir
d'imprimerie, avait souvent paru préferer le noir de la
poudre ; lui l'émeutier de 48, le conspirateur de 51, l'ad-
mirateur passionné de Blanqui, il se fait l'apôtre de la
modération, il se vante d'avoir changé. Il bafoue les *purs*
qui pourraient lui en faire honte ; ceux qui vouent une
aveugle fidélité à la République, il les appelle des sacris-
tains révolutionnaires (1). Il s'écrie : « Discutons ! » Il
ne veut plus entendre dire : « Combattons ! » En un mot,
comme tous les parvenus, comme tous les heureux, il
devient conservateur. Ce revirement dans la prospérité
est l'indice de convictions bien peu sûres ; et je n'estime
guère ce rouge de républicanisme, que le premier soleil
heureux fait passer. Ce rouge ressemble à celui des vieux
chapeaux, que la misère et la pluie seules ont roussis.
C'est celui des gens qui ont besoin d'être malheureux,
pour être républicains.

Mais si le bonheur faisait déteindre ses convictions, il
aidait à éteindre ses haines. Vallès se montra ainsi tel
que la nature l'avait fait, tel qu'il aurait été toujours
s'il fût né riche : d'un caractère entier, assez hargneux,

(2) *La Rue*, p. 229 à 145, *passim*.

très-vaniteux, mais avec tout cela joyeux garçon et bon
enfant. Le souvenir de Vallès heureux est resté fort agréable à ceux qui l'ont connu alors. A cette époque, il
allait presque tous les jours travailler dans le cabinet de
lecture de la rue Casimir-Delavigne, chez Mlle Morel,
où allaient aussi Vermorel et Paschal Grousset. Il était là
comme chez lui, mieux que chez lui sans doute. Il y venait, disait-il, pour travailler ; c'était plus encore pour
flâner. On le voyait arriver, causer avec celui-ci, taqui-
ner celui-là, lire à bâtons rompus, changeant de place à
tout instant, remuant et tapageur, quelquefois grin-
cheux, mais en somme passant pour ce qu'on a cou-
tume d'appeler une mauvaise tête bon cœur.

C'était tout l'opposé de Vermorel, caractère moins en
dehors, plus sournois, mais qui avait une énergique
puissance de travail. Vermorel ne s'occupait que de ses
livres. Vallès amusait tout le monde, et s'amusait souvent de quelqu'un.

A la même table que lui venait très-régulièrement un
vieux monsieur à calotte de laine noire, tournure provinciale, air d'un professeur de huitième dans un collége.
Ce *bourgeois* agaçait Vallès. Un jour donc, le taquin posa
sur le livre du monsieur une de ces cartes de visite représentant un peigne fin rempli de crasse. Le vieux tour-
nait en ce moment la tête. En revenant à sa lecture, il
aperçoit la chose ; il y avait même des poux dessinés
dessus. Colère du vieux ! Mlle Morel arrive, enlève déli-
catement l'objet avec un bout de papier. Et Vallès de
rire, d'expliquer la mystification. Le vieux monsieur en

rit aussi ; son voisin facétieux riait de si bon cœur.

— Ah ça ! dit ensuite Mlle Morel, tout bas, à Vallès, savez-vous qui vous avez mystifié là ?

— Oh ! quelque professaillon en retraite.

— Malheureux ! voulez-vous vous taire. C'est Auguste Barbier.

Et le lendemain paraissait, dans un article intitulé les *Faillis* (1), un paragraphe sur le poëte. Il n'y est pas insulté, croyez-le bien ! Mais on y parle de sa tournure prosaïque, de sa vie bourgeoise, de ses habitudes. On y dévoile aussi sa présence journalière au cabinet de lecture. A partir de ce jour, il n'y revint plus.

— Vous me l'avez chassé, disait Mlle Morel à Vallès.

— Qu'importe ! il viendra plus de cent personnes ici pour le voir. Vous n'y aurez pas perdu.

Tout en faisant là des farces, comme on voit, c'est là aussi qu'il produisait ses œuvres. Paresseux à l'excès, il s'endormait bien souvent, après avoir beaucoup causé, et laissait tomber sa tête sur quelque bouquin sérieux qu'il avait voulu faire semblant de lire. Un ami le réveillait, ou bien Mlle Morel qui lui sonnait la diane par une semonce. Et vite, vite, il se mettait à brocher son article du lendemain, presque au courant de la plume, sans rature. Ce n'était plus le temps des tirades soignées, calculées, écrites en écoutant rager le cœur, et dont il faisait le tissu des *Réfractaires*. Ici, c'était comme le *far-niente* de la composition. Pourtant, bien qu'il profitât

(1) *La Rue*, p. 31.

si largement de son abondante facilité, il n'en abusait pas
trop, car on ne la sent pas outre mesure en le lisant.

Cela fait, il se reposait en causant encore, en racontant. Il avait un grand fond de sensibilité, et il aimait à
se souvenir, à dire ses malheurs passés, à regretter le
temps perdu, l'enfance mal goûtée, les jouissances méconnues. Que de fois, tancé par Mlle Morel qui le faisait
penser à sa mère veuve, et qui lui reprochait de ne la
point aller voir, que de fois il s'est laissé aller à de doux
reproches envers lui-même! Il parlait de Nantes, de
l'Océan ; il parlait plus volontiers encore du Puy, de ses
montagnes d'Auvergne, des troupeaux, du rude berger,
de son vieil oncle, curé du Mont-Mezinc ; et il égrenait
avec plaisir, avec tristesse aussi, l'âme émue et le cœur
gros, tout le chapelet des souvenirs d'enfance. Ses œuvres sont pleines de ces tableaux (1). On y respire, au
milieu des paradoxes nés dans l'atmosphère des cafés,
une senteur de champs, de prés, de vignes ; sa conversation en était souvent imprégnée. Heureux temps pour
lui ; il était alors bien heureux, et cette mélancolie du
regret lointain n'était que l'assaisonnement de sa joie
présente.

C'est, croyons-nous, à cette époque, qu'il fit la connaissance d'une femme dont l'amour devait le suivre
jusqu'au dernier jour de la Commune. C'était une bonne
grosse fille du peuple, ouvrière, et nullement distinguée,
peu propre comme on voit à entretenir le feu sacré chez

(1) *La Rue*, p. 39, 51, 56, 65, 67, etc., *passim*.

un artiste, mais qui n'en fut pas moins la maîtresse chérie de Vallès. Qu'on se rappelle Rousseau, Diderot, et bien d'autres, et qu'on ne s'étonne pas trop de ce manque apparent d'harmonie ! D'ailleurs, peu importe la qualité de son esprit : cette femme avait du cœur, aimait sincèrement celui qu'elle appelait son Jules, et le lui prouva jusqu'au dernier moment. L'ayant connu dans les joies de l'argent, elle ne l'abandonna pas plus tard dans les tristesses et la misère revenues, et elle fit ce qu'elle put pour l'arracher, comme elle disait, « aux bêtises de la « Commune. » Quelle qu'elle fût, bénie soit-elle !

En même temps que l'amour, la fortune lui souriait de plus en plus. Le premier *impressario* littéraire de notre époque, un homme qui à coup sûr, quelles que soient d'ailleurs sa valeur et son honnêteté tant discutées, possède le plus habile flair pour découvrir et lancer les jeunes talents de journaliste, M. de Villemessant, résolut de se l'attacher définitivement. Après l'avoir employé et perdu bien des fois au *Figaro*, il lui confia alors, en 1865, la chronique quotidienne de l'*Evénement*, avec 18,000 francs d'appointements fixes. C'était l'Eldorado, le Pactole. Vallès ne put résister au bonheur de jouir et de posséder ; il fut près de s'y amollir complétement. Porté sur cet or comme sur un pavois, il trancha du richard, du seigneur littéraire, mena joyeuse vie, n'eut plus que le plaisir en perspective, et oublia les énergiques efforts fils de la pauvreté. Il avait trouvé une Capoue, et il s'y endormait. Sa paresse le sauva en le perdant ; car elle lui fit négliger ce filon de richesse,

et le rejeta dans la lutte. Sa copie devenant plus rare de
jour en jour, on dut songer à le remplacer. Blessé dans
son orgueil, presque étonné de ce que l'argent ne lui
venait pas sans rien faire, croyant que 18,000 francs
n'étaient point un trop haut prix pour quelques articles
seulement au lieu d'articles quotidiens, fier d'ailleurs de
son talent et du goût qu'y prenait le public, il eut la singulière et vaniteuse idée de susciter parmi les lecteurs
une sorte de plébiscite, pour savoir s'il devait continuer.
L'épreuve lui fut défavorable, Albert Wolf, une nouvelle
découverte de Villemessant, prit sa place ; et il tomba du
pinacle sur le pavé.

La misère le ressaisit.

Grâce à son nom pourtant, il put fonder plusieurs
petites feuilles, soi-disant littéraires, mais où la politique
montra le bout de l'oreille, et qui furent supprimées à la
queue leu-leu par l'impitoyable sixième chambre.

Une seule dura, dans laquelle Vallès tout entier trôna
et se retrouve. C'est la *Rue*.

CHAPITRE VIiI.

LA RUE.

Le mois de juin 1867 vit naître la *Rue*; avec une rédaction dont Vallès était le chef, presque le dieu. On y trouve des noms, alors inconnus, devenus depuis célèbres sous la Commune : Arthur Arnould, Ranc, H. Maret, Cavalier dit Pipe-en-Bois, Maroteau, etc... On y trouve d'autres écrivains qui depuis ont changé de drapeau, ou qui n'ont fait que jeter là leur gourme : E. A. Garnier, A. Lemoyne, F. Enne, E. Blavet., etc... On y trouve aussi des artistes comme Pilotell, et comme le grand caricutariste André Gill, l'un des meilleurs amis de Vallès. Le choryphée de la bande leur avait insufflé son esprit.

Cet esprit est nettement désigné dès le premier numéro, dans un article de Vallès lui-même, servant en quelque sorte de profession de foi. Peinture réaliste de

Paris grouillant, insulte à toutes les traditions, tel est le programme.

« C'est Paris, Paris misérable et glorieux, Paris dans
» sa grandeur et son horreur, que la *Rue* va mouler,
» mouler vivant, mordant dans la peau, le plâtre, dans
» la pierre, la chair. Nous donnerons des nouvelles de
» ce grand corps fiévreux.... Nous devons faire entendre,
» aussi bien que la complainte des pauvres ou le chant
» du travail, le cri de nos passions.... Nous sonnerons
» l'attaque et donnerons l'assaut contre toutes les forte-
» resses, du haut desquelles on fusille quiconque veut
» avoir l'esprit libre ; Gavroche battra la charge sur le
» pont des Arts; Giboyer clouera aux portes de la Sor-
» bonne son gant crevé ; et nous racolerons des poêles
» à frire pour aller donner charivari à M. Auber, sous
» les fenêtres du Conservatoire. Nous attaquerons toutes
» les aristocraties, même celles de la vieillesse et du
» génie. Nous crierons « silence aux ganaches! » et
» peut-être bien « A bas les morts (1) ! »

A la bonne heure! Voilà le vrai Vallès, celui dont
nous avons étudié l'orgueil d'enfant; il renaît dans
toute sa sauvagerie, avec toutes ses haines.

Ceci nous remet en mémoire un mot bien curieux
qu'il nous lâcha précisément alors. Nous étions allés, un
ami et moi, lui porter, pour la *Rue*, un article qui se
terminait par quelques réflexions morales, bien peu
énergiques cependant. Après l'avoir lu, il dit : « Je ne

(1) *La Rue*, journal, 1er juin 1867.

» puis accepter cela ; la fin jure avec nos principes. Nous
» sommes ici pour la *démoralisation*. »

Il ne s'en fit pas faute, en effet.

A commencer par le génie, il se mit à saper toutes les
choses respectables. Pour lui, les hommes de génie sont
des hommes providentiels en littérature, et il n'en veut
en littérature pas plus qu'en politique. Egalitaire jusqu'au point où Fourrier lui-même n'a osé l'être, il prétend que tout homme porte en lui un chef-d'œuvre, et
que par conséquent il n'est pas besoin de ceux que fait
tel ou tel individu, soi-disant de génie (1).

Assez de solennité, comme cela ! Au diable Hugo, qui
n'est qu'un « superbe monstre, la tête et la poitrine
» vides, sans cerveau ni cœur (2) ! » Molière est en-
nuyeux, Dante est ridicule, Shakespeare n'est qu'un
premier exemplaire de Hugo qui l'a retouché au moyen
de Lope de Véga, Laissez-nous tranquilles avec toute
votre antiquité ! Les grands hommes sont tout simplement des usurpateurs de renommée, et des voleurs d'au-
réoles. « Il n'y a pas seulement un pape à Rome ; il y en
» a dix, qu'on appelle Michel-Ange, Raphaël, Brutus,
» Caton l'Ancien, Cicéron pois-chiche, etc... ; ils ont à
» la pointe de l'outil, ébauchoir, pinceau, plume ou
» poignard, enlevé une gloire... ; papes de la peintur-
» lure ou du sculpturat, du bavardage ou de l'assassi-
» nat (3) ! A la hotte ce tas de vieilleries ! A bas le mélo-

(1) *La Rue*, journal, nᵒ 3, 8 juin 1867.
(2) *La Rue*, journal, nᵒ 5, 29 juin 1867.
(3) *La Rue*, nᵒ 22 26 octobre 1867.

4

» dieux Virgile, et l'immortel Patachon qui a fait l'Iliade
» et l'Odyssée. » On nous a rassasiés de gravité, de morale et de gloire ! Allons ! vive la blague ! « Cascade, Hor-
» tense Schneider (1) ! Et toi, vieil Homère, aux Quinze-
» Vingts ! »

Voilà le ton ! Et ce n'est pas un paradoxe jeté en passant. C'est tout un système de haine contre le passé,
toute une théorie de démolition. Songeant à une entrée
prochaine des Garibaldiens à Rome, il leur conseille de
renverser non-seulement la papauté, mais le passé de la
civilisation, et de « faire flamber dans l'incendie du
» bombardement, tout l'héritage du génie » (2). C'était
une idée fixe ; et toutes les flammes de la Commune cou-
vaient déjà dans ces paroles, que Vallès déclare crier
dans toute la sincérité de son âme : « On mettrait le feu
» aux bibliothèques et aux musées, qu'il y aurait pour
» l'humanité non pas pertes, mais profit et gloire. »

A cette veine d'*éreintement* général, se rapporte une
certaine conférence publique de Vallès au boulevard des
Capucines. C'était la mode alors de faire des conférences,
et notre orgueilleux ne manque pas cette occasion de se
présenter aux applaudissements plus intimement que dans
un journal. Il avait pris pour sujet Balzac, sa vie et ses
œuvres. Il fit sensation : au point que la police dut in-
tervenir et faire évacuer la salle. Il n'avait fait, en effet,
au profond ahurissement des auditeurs, que développer
là ses théories de la *Rue*. De Balzac, de sa vie et de ses

(1) *La Rue*, journal, n° 22, 26 octobre.
(2) *La Rue*, n° 29, 11 décembre 1870.

œuvres, à peine un mot. Mais, en revanche, des paradoxes à foison, des idées bizarres, tout l'étalage de ses
chimères voyantes et brutales, et cela dans un style cru,
éloquemment réaliste, d'une virulence inouïe, dit de sa
voix à la fois sourde et cassante. Le public interdit regar-
dait avec stupéfaction cet énergumène à froid, qui gesti-
culait avec énergie, comme un boxeur voulant frapper
la société et la tradition à coups de poing. On aurait dit le
terrible Rabasson ou le nerveux Marseille aux prises avec
un redoutable adversaire, et, las de la lutte à mains plates,
usant de toutes ses forces pour l'attaquer et le renverser.
Il mordait la famille, égratignait la propriété, crevait à
coups de pied le ventre de l'ordre, cassait le nez à l'hé-
roïsme, pochait l'œil aux arts, passait un croc-en-jambe
à la philosophie, aplatissait la solennité qui, disait-il,
nous écrase depuis quatre siècles, et finissait par mettre
la religion et la société par terre sur les deux épaules, à
bras-le-corps, en s'écriant : « Dieu ne nous gêne plus ! »
Il avait *tombé* la civilisation moderne, et il plantait sur
cette ruine imaginaire le drapeau social en proclamant la
souveraineté absolue du peuple. Tout le monde était bou-
leversé, aussi bien dans la salle que dans son discours.
Les uns sortaient, les autres essayaient de murmurer ; la
plupart étaient atterrés par tant d'audace. Il y en eut qui
crurent à une mystification. La police crut à une révolte
et creva tout ces ballons d'essai en fermant la porte.
Vallès rayonnait ; et en sortant il dit à un ami : « Je les
ai rudement épatés, hein ? Ce n'est pas fini ; ils en ver-
ront bien d'autres ! »

Mais le passé était un mort, et on pouvait hardiment
l'attaquer. Cela ne suffisait pas au désir de combat qui
dévorait Vallès ; il s'en prit aussi aux vivants. Souvent,
il faut le dire, ce fut avec justice ; toujours ce fut avec
esprit. Il y a de lui plusieurs portraits enlevés de main
de maître.

Réaliste, écrivain au style franc, ennemi de l'artificiel
et des raffinements, il devait naturellement détester
les Parnassiens, cette école de rimeurs limeurs, qu'on
peut appeler les dandys disloqués de la poésie. Il les
peint ainsi à propos de la première reprise d'*Hernani* :
« En queue de morue et cravates blanches, ils rappelaient
» le second invité dans les pièces de l'Odéon. Ils arrivaient
» en omnibus, d'une petite crêmerie de la rue de Seine,
» où, pendant huit jours, ils s'étaient jetés mutuelle-
» ment dans les bras l'un de l'autre, en criant :
» Hugo est Dieu ! — N'est-ce pas, Coppée ? — et Banville
» est son prophète ! — Passe-moi le cognac, Glatigny ! »
» — Des poitrines de poulet, des mollets de coq ! l'esprit
» comme le corps ! Le Romantisme a vieilli, et, bourré de
» mauvaise graisse, il a fait des fils rachitiques (1). »

Nous ne pouvons résister au désir de montrer aussi
quelques photographies d'hommes politiques qui aujourd'hui sont les vainqueurs de celui qui les peignait
alors.

« M. Jules Favre commence ses discours par un signe
» de la croix et un *benedicite*, et du même geste salue

(1) *La Rue*, journal, 29 juin 1867.

» l'Eglise et la liberté. Mais il a beau graisser le ventre
» de ses oraisons avec de la sueur du peuple, l'exorde
» et la fin, la tête et la queue, trempent dans l'eau bé-
» nite. »

« Le clerc Picard ne va pas à Saint-Philippe-du-Roule ;
» c'est un Parisien, c'est un homme d'esprit ; mais un
» esprit qui n'a que des griffes et point d'ailes... Quand
» il faudrait résister comme Manuel, il fouine comme
» Galuchet..»

« Est-ce M. Pelletan qui va représenter l'éloquence,
» avec sa tête de fleuve ? Religiosâtre comme Favre est re-
» ligieux, ce n'est pas l'orateur, c'est le capucin de la dé-
» mocratie. »

« M. Jules Simon nous reste : Pet-de-Loup devenu Pet-
» de-Brebis... Il a inventé un dieu de poche facile à porter
» en secret, même en voyage... Pet-de-Brebis est écouté :
» il commence par attendrir son auditoire, fait signe
» qu'il est malade, montre sa pauvre gorge, tape sur sa
» poitrine emmaillottée, frotte son arrière-train endolori ;
» il lève enfin le bras, tousse, geint, soupire, et parle. Il
» parle quatre heures avec une voix de stentor, des pou-
» mons de fer. Mais je vous le dis en vérité, on sent tou-
» jour le fagot de collège. »

« M. Thiers est le plus jeune et le plus grand avec ses
» soixante-douze hivers et ses quatre pieds dix pouces.
» Mais il représente des idées d'il y a trente ans (1). »

Est-ce assez vrai, assez bien touché, assez joliment bu-
riné ? Aussi faut-il dire que la *Rue* n'était pas du journa-

(1) *La Rue*, p. 26, 23 nov. 1867.

4.

lisme, mais réellement de la littérature. C'est en cédant
au journalisme, en voulant tâter de la politique, qu'elle
se fit supprimer un beau jour.

Elle laissait derrière elle comme un parfum de paradoxe, de licence, d'émancipation à tout prix ; elle avait
combattu, remué, passionné, préparé dans sa petite
sphère les esprits au dévergondage et les volontés à la
révolte. Touchant tout, brisant tout, elle avait parfaitement atteint le but qu'elle s'était proposé. « Point la raison de ceci, la philosophie de cela ! » disait-elle en com-
mençant. « Nous exposons, nous ne concluons pas. » Elle
avait exposé des doctrines subversives, et jeté une semence qui devait produire sa moisson.

Là, Vallès s'était épanoui dans l'attaque comme il l'avait
fait à l'*Evénement* dans le bonheur. Il allait retomber
dans l'ornière, doublement aigri et haineux, envieux de
la fortune envolée, furieux de la bataille perdue.

CHAPITRE IX.

LE RUISSEAU.

De la *Rue*, il roula au ruisseau. C'est alors, en 1868, le temps de sa plus triste misère, qu'il sentait plus rudement après avoir été un moment heureux. Il fit tout pour la conjurer, jusqu'à renier cyniquement ses opinions, même jusqu'à ne plus croire à ses paradoxes. Il a dû bien souffrir pour en arriver là; non que ses convictions fussent réellement assez fortes pour le talonner de remords, une fois abandonnées ; mais parce que son orgueil fut mis à la cruelle épreuve d'une rétractation.

Rentré au *Figaro*, le 8 mai 1868, humblement, presque en tapinois, après avoir si fièrement quitté l'*Evéne- ment*, il semblait un écolier qui vient demander pardon de ses fredaines. Pauvre diable ! Était-ce sa faute? « Nul » en ce temps n'est sûr, disait-il comme pour s'excuser, » de ne pas mourir de misère. » Et il essayait, le malheureux, d'expliquer comment et pourquoi il retournait sa veste rouge, pour entrer au *Figaro*, devenu alors conservateur. Que va-t-il dire ? Il prétend avoir réfléchi depuis 51, et il avoue avoir bien changé. « Ennemi de » la violence maintenant, j'en fus le cymbalier jadis ; » aujourd'hui je n'aime pas plus la République à la Bru- » tus de Rogeard, que le patriotisme assassin d'Orsini ; » je veux écrire sur mon drapeau *Vivre en travaillant*, » mais sans ajouter *mourir en combattant ;* je réclame » des outils, pas de fusils ; je crie pas de sang, mais du » PAIN (1)! » Il en manquait ; et les affamés en ramas- sent où ils en trouvent. On leur en fait un crime ? Alors, pourquoi les a-t-on affamés ?

Hélas ! s'il faut en croire certains on dit, il aurait ramassé plus bas encore : il aurait trempé dans la po- lice, et dans la police impériale. Ecœuré par dix-huit ans de luttes incessantes et malheureuses, voyant fuir per- pétuellement la gloire tant rêvée de devenir un grand nom, harcelé par l'impitoyable pauvreté conseillère des bassesses, il aurait accepté les trente deniers de Judas, et vendu son honneur. Il aurait fait plus ; ainsi que l'apôtre baisant son seigneur pour le trahir, il aurait baisé au front la Liberté pour aider à la tuer, en se présentant aux élections de 1869 comme républicain — aux frais de l'Empire. C'est là un de ces baisers que Musset a ou- bliés en parlant de ceux qu'on donne « pour un mor- ceau de pain ! »

(1) *Figaro*. (Lettres d'un irrégulier, septembre 1868.)

Ce marché houteux, ce trafic d'honneur, est-il un fait certain? Heureusement pour Vallès, nous pouvons le nier.

Il se présenta, il est vrai, dans le XIIe arrondissement, contre J. Simon; et la violence de sa profession de foi pouvait aider à la vieille comédie, toujours neuve, du spectre rouge. En développant dans son style cru les théories révolutionnaires et socialistes, peut-être a-t-il effrayé quelques républicains timides, peut-être a-t-il aussi détourné de la candidature de J. Simon certains esprits ardents qui se sont rattachés à lui. En tout cas, il est certain qu'à ce moment, Vallès ne pouvait faire que du tort au parti libéral, en s'offrant aux électeurs comme socialiste à outrance. Mais voulait-il faire le jeu de l'empire? Non. N'est-il pas plus plausible d'admettre que ces idées extrêmes étaient parfaitement les siennes, et sa présence à la Commune n'est-elle pas une preuve de sa sincérité révolutionnaire?

Mais, ajoute-t-on, sa candidature a été soutenue en dessous par un agent impérial. Qu'en doit-on conclure? Oui, il est fort possible que la police ait profité de sa maladresse, ait fait une arme de sa profession de foi, ait combattu J. Simon par ce moyen. Pourquoi donc ne pas admettre qu'on l'ait fait à l'insu même de Vallès? Il ne se présentait pas sous un masque, mais à visage découvert, tel qu'il était, tel qu'il est resté, comme champion des prolétaires, et missionnaire des déshérités. « J'ai toujours été, disait-il, l'ami des travailleurs, » l'avocat des pauvres; je serai le *député de la misère.* »

Quel rôle lui convenait mieux que celui-là? Et ne re-
présentait-il pas tout un parti, en effet ? Or le soulèvement de mars et la victoire de mai ont surabondam-
ment montré que ce parti et le parti de M. J. Simon
font deux.

Une dernière preuve, qui nous semble à peu près
concluante en faveur de Vallès, c'est qu'il ne retira aucun
fruit de cette candidature. Il fut battu, mais non content, et retomba sur ses pieds Gros-Jean comme devant,
sans un sou de plus dans sa poche. Or la police impériale payait assez grassement les gens qu'elle achetait.
Comment se fait-il alors, si Vallès a été vendu, qu'il
n'ait pas profité du prix de ce trafic? Avec le peu d'argent qu'il possédait au moment des élections, avec quelques fonds que lui avaient confiés certains amis enthou-
siastes qui avaient foi en son talent et en son caractère,
il avait pu à peine soutenir sa candidature et faire vivre
un moment son journal le *Peuple*. Pauvre il s'était pré-
senté ; pauvre il se retrouva.

Nous appuyons à dessein sur toute cette argumenta-
tion, parce que c'est un devoir pour nous de laver Vallès
de cette honte. Quand notre étude parut pour la première
fois, nous aussi nous croyions à sa culpabilité dans cette
affaire. Depuis, nous avons eu des preuves de son inno-
cence, et nous tenons à réparer loyalement notre erreur.
Parmi toutes ses défaillances et tous ses excès, cette faute
seule faisait tache sur son honneur privé ; et nous avons
été heureux d'apprendre, et nous sommes heureux d'af-
firmer que cette tache n'est point. Quel plaisir plus grand,

que de pouvoir entièrement estimer les hommes qu'on aime ?

Toute réflexion faite, tout bien considéré, il semble seulement avoir dans cette épreuve et cet échec retrempé son ardeur, un moment corrompue dans les *Lettres d'un irrégulier*, et avoir raffermi ses convictions ébranlées par la prospérité subite suivie de la pauvreté absolue. La *Rue* supprimée, sa candidature avortée, l'horizon complétement fermé désormais, il n'avait plus à prendre qu'un parti désespéré en se jetant tête baissée dans le courant de ceux dont il venait de solliciter les suffrages. C'est ce qu'il fit, et ce qu'il fit sincèrement. L'excès même de sa misère fut une des causes de cette sincérité. Il n'y avait plus pour lui de milieu entre mourir de faim ou vivre d'une révolution.

CHAPITRE X.

LE CHEMIN DE LA COMMUNE.

Il reprit alors ses vieux oripeaux écarlates, ses paillettes paradoxales, sa corde roide des théories abracadabrantes, et voulut recommencer devant le public ses exercices acrobatiques de la *Rue*. La sixième chambre y mit bon ordre et le rejeta dans l'obscurité. Rongeant son frein, attisant sa haine, ruminant ses idées de vengeances sociales, attendant l'occasion de planter son arbre dans le fumier pourri de l'empire, il songeait à réaliser cette phrase d'un de ses articles : « Il y a à refaire le monde et à trouer l'horizon (1) ! »

Les troubles qui suivirent Reischoffen et Forbach le trouvèrent prêt à l'émeute ; il s'y mêla, et faillit être arrêté. Il eût ainsi assisté à la fin de l'empire comme il avait assisté à son commencement, du fond de Mazas.

Plus que jamais dégoûté de tout ce qui touche à la politique en France, il se décida un moment à partir

(1) *La Rue*. journal, nᵒ 26. 23 nov. 1867.

avec Combatz pour l'Espagne. Il pensait y trouver de nouvelles aventures, quand le 4 septembre vint le rejeter
dans celles d'une révolution. Il lui apportait l'occasion
longtemps attendue de revoir un 48, et d'y mettre cette
fois-ci la main. Il était mûr pour son œuvre, âgé de 37
ans, dans toute la force de sa virilité, avec tout son
trésor de rancunes orgueilleuses et de théories révolutionnaires, décidé à profiter de la mêlée qui allait tour-
billonner dans Páris, avide de se faire une place dans le
bouleversement qu'il traversait et la rénovation qu'on
allait tenter. Il se trouvait là dans son élément, le désordre, où il pourrait forger son arme, l'émeute, pour
arriver à son but, le pouvoir. Du milieu de sa boue dernière, échappant brusquement aux étreintes de la
misère et de l'obscurité, il se releva avec la force du désespoir et l'espérance de la force, et s'élança d'un vigoureux élan sur cette planche branlante de la politique,
comme un gymnaste s'élance d'un tremplin.

Affilié à l'*Internationale,* sûr de cet appui formidable,
il se mit dès le lendemain même à l'œuvre, remuant les
ouvriers, les excitant, les encourageant à la révolte et
leur promettant la souveraineté, dont il entendait bien
être un des dépositaires. Il soufflait sur ce feu, à la
flamme duquel il voulait gonfler son avenir; travail sou-
terrain, réunions clandestines, sorte de mine creusée
lentement et propagée sûrement, qui devait se charger,
s'échauffer peu à peu sous les pas de la République du
4 septembre, et sauter en l'air un beau matin le 18 mars
1871, avec le volcan de la Commune.

Dans cette période préparatoire, il eut une fois la main malheureuse pour lui, à l'affaire du 31 octobre. Chef d'un bataillon de la garde nationale, il trempa dans cette échauffourée, s'installa à la mairie du IX° arrondissement et crut le bon moment arrivé. On sait comment se termina ce prologue du 18 mars. Vallès fut un des chefs capturés. On le révoqua et on le jugea. A ce propos, un de nos amis, avocat à la cour d'appel, nous a rapporté l'anecdote suivante, qui montre combien la vanité dominait Vallès, même dans les plus graves circonstances.

Il était accusé d'avoir usurpé les insignes de maire en se ceignant de l'écharpe municipale arrachée à celui qui la portait. Il se défendit en disant qu'il avait fait cela simplement pour protéger ce magistrat ; et, la mine arrogante, avec un geste à effet, il déclama en souriant ces mots, où il en faisait un : « J'ai passé cette écharpe à mon ventre, afin qu'on ne la passât pas à son cou. » Or, le lendemain, ayant lu sa phrase dans un compte rendu, il serra avec effusion, en plein tribunal, la main du *reporter* qui avait fait l'article.

« Merci mille fois, lui dit-il, vous avez bien reproduit mon mot. Il fait de l'effet ! » Et c'est à peine si la lecture de son jugement put assombrir sur sa figure le rayon de joie qu'y avait fait luire la vanité.

Il put échapper à la peine qu'il avait encourue, et, n'étant pas poursuivi, il reprit ses menées. Mais avant tout, il fallait vivre. Aussi énergique que nous l'avons vu être vaniteux, Vallès fit alors une chose dont peu

d'hommes seraient capables, avec son talent et son orgueil. Il alla travailler, en sabots et en bourgeron,
comme ouvrier, dans les chantiers de bois. C'est ainsi
qu'il gagna son pain, en attendant un retour de fortune,
et l'occasion de reparaître sur la scène politique.

Cependant, l'effervescence démocratique bouillonnait
toujours, plus sourdement, mais plus violemment aussi.
L'heure approchait où les ambitieux allaient trouver le
terrain tout prêt pour y planter leur drapeau. La capitu-
lation excita au suprême degré les esprits. Le moment
était bon. C'est alors qu'il fonda, le 22 février 1871, le
journal qui allait donner à la bête populaire le dernier
coup d'aiguillon, le *Cri du Peuple*.

Il avait avec lui Vermersch, son ancien commensal de
la brasserie Gambrinus, et bientôt son rival en succès
dans le *Père Duchêne;* Maroteau, son ancien disciple de
la *Rue*, qui allait voler de ses propres ailes dans la *Montagne* et le *Salut public ;* Henri Verlet, ami de Blanqui et
ex-rédacteur de la *Patrie en danger ;* Pierre Denis, son
alter ego ; J.-B. Clément, futur membre de la Commune, ce qu'il n'avait jamais dit dans ses *Prophéties politiques ;* Casimir Bouis ; l'ouvrier Goulle, etc., etc. ;
phalange ardente, avide d'un changement quelconque,
et à qui Vallès donnait la Révolution sociale comme
signe de ralliement.

Ils allaient présider à l'accouchement de cette Commune, qui déjà tressaillait et grondait dans les flancs de
Paris.

CHAPITRE XI.

LA COMMUNE.

Le *Cri du Peuple* lança hardiment son programme, en inscrivant sur son enseigne : *Paris ville libre*, et en annonçant ainsi la sociale : « Entendez-vous ! elle » arrive à pas de géant, apportant non la mort, mais le » salut. Elle enjambe par-dessus les ruines et elle crie : » Malheur aux traîtres ! Malheur aux vaincus ! — Vou » espérez l'assassiner : essayez ! Debout entre l'arme et » l'outil, prêt au travail ou à la lutte, le peuple at-» tend (1). »

Les théories de la *Rue* étaient reproduites là, mais comme dans un écho renforcé. La *Rue* n'avait été qu'un fifre siffleur, en comparaison de cette trompette aiguë et vibrante, qui sonnait la diane de l'insulte, des réclama-

(1) *Cri du peuple*, 25 février 1871.

tions, des revendications, de la révolte, et qui appelait le peuple au combat.

L'arrêté du général Vinoy supprimant les six journaux rouges brisa cette trompette aux dents des révolutionnaires. Mais l'appel avait été entendu ; la diane furieuse avait réveillé les haines, les passions, les colères; il y avait de sombres mécontents prêts à marcher, et des chefs ambitieux prêts à les conduire ; le 18 mars éclata comme une bombe, donnant le signal de l'assaut qu'allait subir la vieille société.

Le 26 mars, le *Cri du Peuple* annonce la proclamation de la Commune, et Vallès, qui en est membre, s'épanouit dans le triomphe. Il se complaît à décrire cette journée, la foule des fédérés défilant devant l'Hôtel de ville pavoisé de rouge, les cris, les vivats, le parfum bouquets printaniers, le frisson glorieux et rouge des drapeaux, le soleil flamboyant et chaud qui remplit les cœurs de vie et l'air de lumière, qui fait étinceler les baïonnettes et dore la gueule des canons. « C'est, dit-il, » la fête nuptiale de l'Idée et de la Révolution. »

Il était heureux alors, satisfait, rayonnant. Sur sa face sombre, émondée de sa barbe inculte, s'étalaient l'orgueil de la victoire et la joie de la prospérité. Malgré les préoccupations terribles qui devaient l'assaillir, il trouvait le temps d'être gai. Une bouffée de gaminerie lui revint un jour dans l'esprit, quelque chose comme un écho des paradoxes qui tintinnabulaient jadis dans la *Rue*. Il eut l'idée, bizarre en elle-même et plus bizarre encore dans un pareil moment, de supprimer... devinez quoi ? l'or-

thographe. Une curieuse lettre à Protot nous a révélé ce
détail, qui peint si bien notre homme, littérateur quand
même, quoique membre de la Commune.

« Il faut absolument, dit-il, et cela sans retard, que
» les larges mains de la démocratie effacent à jamais les
» sots préjugés que nous ont légués toutes les monar-
» chies.

» Et il faut d'abord commencer par publier le décret
» qui suit :

» La grammaire étant le plus grand des préjugés, la
» plus sotte des conventions, la Commune de Paris dé-
» crète :

» Article unique.

» Liberté de l'orthographe. »

Mais, tandis qu'il s'amusait ainsi à ce qu'on peut appeler
les bagatelles de la porte, le drame formidable de l'insur-
rection se jouait, et il fallait qu'il y dît son rôle. Ce rôle
devenait de jour en jour plus écrasant et plus dangereux.
Vallès eût voulu le rendre plus agréable, et faire de ce
décor du pouvoir une réalité. C'est pourquoi on le trouve
alors, non plus violent, destructeur, batailleur, comme
avant et pendant la lutte, mais au contraire conciliateur.
Cela étonne. C'est qu'à ce moment, sentant combien était
fragile la barque qui portait sa puissance, il aurait voulu
la mener au port. Il désirait jouir de ce bonheur passa-
ger, et s'asseoir dans le repos du succès, plutôt que de
continuer la lutte.

« Plus de sang versé! Les fusils au repos ! Assez de

» guerre civile comme cela! Après avoir vaincu par le
» combat, fortifions-nous par le travail! »

Et il essaye de rallier à la Commune la bourgeoisie:
« Allons! que le rez-de-chaussée et la mansarde se rac-
» commodent! » (1) Il aurait tenté d'y rallier Versailles,
s'il l'avait cru possible. C'est qu'alors, arrivé au comble
de ses vœux, il comprenait que les satisfaits, n'ayant plus
rien à gagner, ont tout à perdre. Tout l'opposé des réfra-
taires! Et lui, sorti enfin des réfractaires, lui devenu un
satisfait, il se cramponnait à sa félicité présente comme
à une branche qui craquait sous son poids. Il aurait tout
fait pour la consolider, la rattacher à quoi ce fût. L'égoïsme
criait en lui plus haut que l'orgueil, et le malheureux
convoitait maintenant la paix avec autant d'ardeur qu'il
avait demandé la lutte. Il aurait voulu pouvoir dire :
« Jusque-là, et pas plus loin! » Mais le torrent dont il
avait aidé à rompre la digue était plus fort que lui, et
l'emporta pantelant et furieux dans son tourbillon dé-
chaîné.

Voyant sa fortune crouler, il se ressaisit alors, avec
l'énergie du désespoir, dans cet accès de colère qui fut le
dernier spasme de la Commune. C'est lui qui, le premier,
eut l'idée de rendre Paris impossible à prendre, en mena-
çant ceux qui le prendraient de l'incendier. Folle et suprême envie des vaincus orgueilleux et rageurs, de pouvoir entraîner avec eux leur vainqueur dans la chute!
ils rouleraient dans un précipice avec bonheur, pourvu

(1) *Cri du Peuple*, mars 1871, *passim*.

qu'ils pussent s'enlacer à leur ennemi et tomber embrassés
dans cette dernière étreinte ; ils se jetteraient dans les
flammes, à condition de l'y faire brûler avec eux. Vallès
en était là. On se rappelle avec effroi ces lignes du *Cri du
Peuple*, qui semblaient alors à beaucoup une pure fan-
faronnade de style, et qui ne devaient pas attendre une
semaine avant de flamboyer en traits de feu sur Paris
incendié :

  « On nous avait donné, depuis quelques jours, des
» renseignements de la plus haute gravité, dont nous
» sommes aujourd'hui complétement sûrs.

  » On a pris toutes les mesures pour qu'il n'entre dans
» Paris aucun soldat ennemi.

  » Les forts peuvent être pris l'un après l'autre ; les
» remparts peuvent tomber. Aucun soldat n'entrera dans
» Paris. Que l'armée de Versailles sache bien que Paris
» est décidé à tout plutôt que de se rendre.

  » SI M. THIERS EST CHIMISTE, IL NOUS COM-
» PRENDRA.»

  Ceci à la date du 16 mai. Et le 20, deux jours avant
l'entrée des troupes :

  « Paris héroïque et désespéré pourra sauter peut-être ;
» mais, s'il saute, ce sera pour engloutir le gouverne-
» ment de Versailles et son armée. »

Telles étaient durant leur courte agonie les sombres menaces des vaincus. Depuis longtemps déjà, Vallès avait cette idée, et savait à quelle fin il allait. Le 18 avril, il était revenu à ce cabinet de lecture de la rue Casimir-Delavigne, afin de payer ce qu'il devait : « Je paye toutes » mes dettes, dit-il, parce que je sais ce qui m'attend ; je » veux bien mourir et *sauter* avec Paris ; mais je ne » voudrais pas laisser quelques hontes derrière moi. » Singulier mélange de projets monstrueux et d'honneur délicat! Nature bien complexe, pétrie de bon et de mauvais, et qui se révéla encore mieux dans la dernière scène où il fut donné à un de nos amis de le voir.

C'était le 23 mai, encore au cabinet de lecture. Le matin même son journal avait paru, et pour la dernière fois, plein des mêmes fureurs, des mêmes idées déjà en voie d'exécution. Par une étrange ironie, les *Nouvelles* se terminaient par ces mots : « Tout va bien! » Il arriva, en nage, la figure bouleversée, les vêtements débraillés. Sous ses épais cheveux noirs plaqués sur son front par la sueur, sa tête sans barbe avait l'air d'être plus petite qu'à l'ordinaire. Tout y était contracté. Les lèvres agitées, le nez pincé, l'œil tout en fièvre, il respirait bruyamment, et parlait à mots entrecoupés d'une voix haletante : « Il faut » en finir!... c'est donc fini!... Voilà la fin! » Ce mot revenait comme une obsession. Puis, violemment, avec de grands gestes fous : « Paris brûlera ! Ils y seront gril-» lés comme des cochons ! On le refera avec la sociale ! » Nous verrons bien!...» Deux vieux lecteurs tout effrayés, auxquels il s'adressait, essayèrent de le calmer un peu.

On lui parla de se sauver ; on lui dit que s'il restait là, il
se ferait prendre et fusiller : « Je m'en f... », répondit-il,
je le savais bien avant de m'y mettre ! » Puis il se radoucit,
parla des bonnes journées de lecture qu'il avait passées
ici, à cette table, dans ce coin. « C'était le bon temps ! Et
cependant, j'ai été rudement malheureux dans ce temps-
là ! » Il n'avait qu'un regret ; un héritage de 15,000 fr. lui
étant tombé du ciel, il n'avait pas eu le temps de s'occuper de la régularisation des pièces. C'était le legs d'un
vieux monsieur sans parents, qui avait laissé cela à Vallès
par admiration pour ses articles d'autrefois. « Voilà de l'ar-
» gent bien à moi, répétait Vallès avec plaisir. Et dire que
» je ne peux pas le donner à ma vieille mère ! Pauvre
» femme ! cela lui aurait fait du bien ! J'aurais dû aller la
» voir plus souvent ; il y a si longtemps que je ne suis re-
» tourné au Puy. » Le malheureux garçon s'attendrissait
à ce cruel souvenir ; les larmes de son cœur lui montaient
aux yeux. A ce moment entra sa maîtresse, comme affolée.

— « Viens, Jules, viens-t'en ! ils vont te tuer ! viens
» avec moi ! »

Et elle l'entraîna dans la rue.

— « Il faut que j'aille à l'Hôtel-de-Ville, dit-il, tout
» n'est pas fini encore ! »

— « Non, je ne veux pas que tu y ailles ! »
Et les deux lecteurs d'ajouter :

— « Non, n'y allez pas ! »

— « Que voulez-vous? répondit-il, il *faut* bien ache-
» ver de brûler Paris ! *c'est notre devoir.* »

Et il partit.

Qu'est-il devenu ? Est-il mort avec cette Commune
dont il avait été un des plus ardents soutiens? Ou bien
lui a-t-il survécu? La plupart des journaux ont raconté
sa fin. Suivant eux, il aurait été pris rue des Prêtres-
Saint-Germain-l'Auxerrois, près du Châtelet; et, comme
en l'emmenait, il se serait par deux fois jeté sur l'offi-
cier qui commandait le détachement, pour l'étrangler
dans un suprême effort ; repoussé à coups de crosse, il
aurait été fusillé là, sur place, le 25 mai 1871. Cette mort
rageuse, cette attitude de révolte jusqu'au dernier souffle, sont bien dans le tempérament de Vallès, qui se
serait ainsi montré réfractaire même à la tombe.

Heureusement pour Vallès, ce n'est là qu'une légende,
inventée par un reporter ingénieux. Qu'on ait tué un
homme, et même plusieurs hommes, sous le nom de
Vallès, il n'y a là rien d'étonnant; et les journées de mai
ont offert plus d'un exemple de ces tristes méprises. Ce
qu'il y a de certain, c'est que lui-même est parfaitement
vivant, à Londres, dit-on, avec ceux de ses anciens col-
lègues qui ont pu échapper comme lui à la justice som-
maire des fusillades, et aux condamnations des conseils
de guerre. D'après une seconde légende, plus ingénieuse
encore, et pourtant plus véridique que la première,

il aurait quitté Paris, déguisé en ecclésiastique, après s'y être longtemps caché sous le costume d'un croque-mort. Cette mascarade funèbre est d'un goût assez bizarre pour qu'on puisse l'attribuer à Vallès. Il doit en rire plus que personne.

On le voit, le moment n'est pas venu de dire sur cet homme : *Requiescat in pace*. Il est même à supposer qu'il ne va ni se reposer, ni s'éprendre d'un amour nouveau pour la paix. Au contraire, plus que jamais il est en proie à la vie aventureuse ; plus que jamais le voilà repris par le tourbillon des luttes. Quand même aujourd'hui il voudrait la paix et le repos, sa vie passée lui crierait comme au Juif-Errant : « Marche ! marche ! » Il est voué, — d'autres diront condamné, — à recommencer sans cesse l'implacable poursuite du but manqué. Jusqu'ici il n'avait guère été qu'un déclassé littéraire, dévoyé dans la politique. Maintenant c'est purement un déclassé politique, comme Delescluze et Pyat. Pour nous, la Commune nous a paru moins le commencement de Vallès politique que la fin de Vallès homme de lettres. C'est pourquoi nous avons écrit son histoire.

ÉPILOGUE.

—

A QUI LA FAUTE ?

De cette histoire, quel enseignement faut-il tirer ?
Nous contenterons-nous de jeter l'anathème sur cet
homme, et le déclarerons-nous criminel sans circonstances atténuantes, comme on n'est que trop porté à le
faire aujourd'hui ? Allons-nous plutôt le dresser sur un
piédestal, comme un martyr prêt à devenir un dieu ? Ni
l'un ni l'autre. Nous croyons qu'il y a lieu de noter en
lui quelques instincts mauvais, et qu'il aurait pu, à
force d'énergie vers le bien, changer en quelque sorte la
direction de sa vie. Mais nous pensons aussi que la société dans laquelle se sont produits ces instincts mauvais, semble avoir été faite exprès pour leur offrir une
pâture. C'est dire que sans glorifier Vallès, nous vou-
drions au moins l'avoir bien expliqué ; car il serait ainsi

presque excusé. Nous ne pouvons nous empêcher de considérer dans cette vie par quel enchaînement vrai-ment fatal tout a contribué à pousser cet homme vers sa fin.

Résumons ce caractère, et cette existence. Il fut or-gueilleux, et se rendit lui-même plus orgueilleux encore que la nature ne l'avait fait : voilà le point de départ. Dans cette lampe ardente, si le talent était la flamme, l'orgueil était l'huile qui se consumait. Mais n'avait-il pas le droit d'être orgueilleux ? Et pourtant, comme la réalité l'en a puni !

Dans cette belle intelligence, les plus rares facultés formaient comme un brillant faisceau ; et jamais il n'a pu de ce faisceau faire le pilier de sa fortune. C'est alors qu'il en fit le bâton de sa haine. Poussé aux chimères par sa chaude imagination, ne voyant que le côté pitto-resque des choses, toujours à la recherche de l'origi-lité, il se jeta ainsi dans les paradoxes, et des paradoxes aux systèmes faux il n'y a qu'un pas. Là il se fit des es-pérances qui le consolaient des malheurs réels, et il se proposa un but qu'il tâcha d'atteindre en combattant. A cette lutte, à ces désirs fous, à la conscience de l'a-mour-propre qui vous dit que vous êtes digne de vain-cre, joignez l'irritation que cause la défaite, et ne vous étonnez point des monstres de haine qu'il en peut sortir. Vallès avait un talent de premier ordre, un style tout à lui et qu'on peut appeler de maître, un esprit étince-lant, du mordant, du trait, et à la fois du cœur ; il sa-vait merveilleusement peindre, habilement railler, déli-

cieusement se souvenir, amèrement pleurer ; il avait en
un mot tout ce qu'il faut pour être un écrivain renommé
parmi les meilleurs ; il devait et pouvait aspirer à la
gloire. Au lieu de la gloire, que trouve-t-il ? A peine du
pain. En place de l'art, une jouissance, il est obligé de
prendre le journal, un métier. Encore ce métier ne le
nourrit-il pas toujours. Il passe par de cruelles alterna-
tives, tantôt heureux comme il a le droit de le devenir,
puis soudain plus misérable qu'auparavant. Sa vie est
un va-et-vient perpétuel de l'ombre à la lumière, du
pouvoir au pavé. Rien de stable, rien d'assuré ! Pas
même la pâtée et la niche ! Que dis-je ? pas même sa
réputation. Ah ! c'est ceci par-dessus tout qui dut l'en-
venimer. Crever de faim n'est rien, quand on est rassa-
sié de gloire ; car le cœur gonflé fait taire s'il le faut
l'estomac vide. Mais avec les tiraillements du dîner ab-
sent, sentir au cœur la morsure de l'amour-propre indi-
gné, voilà la souffrance. On songe à tel ou tel, qui est
riche et célèbre et qui n'est qu'un crétin ; on se demande
pourquoi on est né pauvre, pourquoi on n'a pas la chance
de la notoriété comme tant d'autres, pourquoi on a quelque chose sous le front et pourquoi les gens ne veulent
pas le voir, pourquoi ceci, et pourquoi cela, et enfin
pourquoi on n'essayerait pas de changer ceci ou cela.
Ne pouvant se dresser au niveau des heureux ou des glorieux, on cherche à les rabaisser jusqu'à soi. On niera
le passé ; on niera tout.

Nier, c'est déjà détruire. Si on peut détruire, on dé-
truira. Si on a une plume, on la taillera en arme, on

l'empoisonnera pour la fourrer au flanc de l'ennemi. Si l'ennemi est la société, on lui portera ainsi de furieux coups, coups d'estoc à la famille, coups de taille à la propriété ; on enfoncera l'épée jusqu'à la garde dans la morale. Puis, la retirant fumante, on secouera les gouttes de sang qui y pendent sur la foule curieuse, vaste champ où elles germeront, donnant pour fruits, comme les dents des monstres mythologiques, je ne sais quels dragons et quelles hydres qu'on lâchera un beau jour par le monde.

A qui la faute?

Nous ne voulons point faire ici le procès à la société, ni chercher par quelles réformes elle pourrait devenir un tout harmonieux au lieu d'être une cohue grouillante ; nous ne voulons même pas savoir si ces réformes sont possibles. Mais n'est-il pas évident que telle qu'elle est, elle est mauvaise? Qui commet le premier crime? Ou bien elle qui se refuse à celui-ci après s'être livrée à tous ; ou bien celui-ci, qui ne pouvant l'acheter, la viole ? Je veux qu'il soit coupable ; mais ne lui a-t-elle pas offert l'occasion de l'être? N'a-t-elle pas excité ses désirs par des tentations? allumé son envie par des injustices? enflé sa haine par des cruautés? N'en a-t-elle pas fait un Tantale, puni avant d'avoir péché? Et doit-elle enfin s'étonner de voir un jour ce malheureux devenir mauvais, cet humilié se dresser une statue, ce supplicié prendre à son tour la hache du bourreau?

On l'a dit avec raison : « Les malheurs d'un peuple ne sont jamais des accidents, mais des conséquences. »

C'est dire que la société est coupable — même de ce qu'elle souffre. Néron est moins responsable d'avoir brûlé Rome que ne l'est Rome d'avoir pu produire et supporter Néron. Le plus criminel dans l'Empire, ce n'est pas lui de s'être imposé, c'est nous de l'avoir subi. Et de même c'est notre faute à nous, c'est notre crime à nous, lâches qui pendant vingt ans avons courbé la tête, luxueux et luxurieux qui avons roulé dans les plaisirs jusqu'au cou, misérables qui avons désappris la vigueur et la vertu ; c'est notre crime, d'avoir permis à des talents trempés comme celui de Vallès de s'user et de se corrompre au *Figaro*, de s'enfiévrer à la *Rue*, et de s'ensanglanter à la Commune ; c'est notre faute si nous les avons poussés vers l'abîme où ils ont voulu nous entraîner avec eux ; c'est notre faute si nous leur avons fermé la voie qu'ils avaient droit de suivre, et si alors ils se sont ouvert un sentier à travers notre cœur.

Nous avons fait de l'argent le dieu qu'on adore, et les déshérités en voyant nos richesses ont voulu violemment y mettre la main. Ils ont recommencé la sempiternelle guerre, la grande bataille, que la philosophie moderne appelle « le combat de la vie. » C'est la lutte des affamés contre les repus, des déguenillés contre les richards, des travailleurs contre les oisifs. Leur mot d'ordre est bien simple ; ils disent : « Ote-toi de là, que je m'y mette ! » Ils ont le ventre creux, la gorge sèche, les bras maigres, la peau gelée de froid, et ils voudraient une place au banquet, un verre à boire, un rayon de soleil. Puissants par le nombre et faibles par l'ignorance, ils ne se soulè-

vent que deux ou trois fois par siècle ; quand on a crié
trop haut et trop longtemps « silence aux pauvres ! »
alors ils se mettent à répondre : « Mort aux heureux ! »
Ce jour-là, tous les besogneux, tous les avides, tous les
furieux, se donnent rendez-vous. Les prolétaires de
l'outil prennent pour chefs les prolétaires de la plume ;
on déploie l'étendard noir des Jacques, ou le drapeau
rouge de la Commune ; et ce flot houleux, formidable,
de jour en jour plus grand, se gonfle et se rue contre la
société.

Il s'y brise, soit ! Mais croyez-vous qu'il ne l'ébranle
pas ? N'entendez-vous pas à chaque effort craquer l'édi-
fice vermoulu ? Ne le sentez-vous pas trembler sous vos
pieds ? N'avez-vous pas peur de le voir un jour crouler ?

O riches et heureux de ce monde, vous tous qui vivez
joyeusement votre vie, et qui ne sortez de votre paresse
que pour engraisser de cadavres le fumier où pousse
l'arbre de vos prospérités, ô vous les repus, vous les ga-
vés, vous les satisfaits, en vérité je tremble pour vous.
Au lieu de vous cramponner à la barre de votre vaisseau désemparé, qui roule sur une mer de larmes et de
sang, écoutez donc le bouillonnement formidable qui
bruit sous vos pieds. C'est le banc de corail qui monte,
monte lentement, par l'effet des polypes, prolétaires
obscurs mais innombrables. Qu'il arrive à fleur d'eau,
et votre navire sera soulevé, retourné la quille en l'air,
vidé comme avec la main.

Mais vous n'entendez rien, n'est-ce pas ? Vous avez
l'oreille encore plus dure que le cœur. Eh bien ! alors,

jetez-vous à plat ventre pour écouter, et collez votre
oreille aux fissures du pont. Vous êtes à plat ventre ?
Restez-y ! Vous n'aurez pas besoin de vous déranger
pour demander pardon ; vous n'aurez qu'à vous retourner sur le flanc pour mourir.

Paris. — Imprimerie de E, DONNAUD, rue Cassette, 9.

www.ingramcontent.com/pod-product-compliance
Lightning Source LLC
LaVergne TN
LVHW050645090426
835512LV00007B/1050